F. CADIC

Directeur de la Paroisse Bretonne de Paris

DANS LA

CAMPAGNE BRETONNE

ÉTUDE SUR LES MÉTIERS, LES HABITUDES
ET LES TRAVERS DES PAYSANS BRETONS

Se vend 0 f. 60 ; par la poste, 0 f. 75

au profit des Œuvres de la Paroisse Bretonne

EN DÉPOT : Au Bureau de la Société, 9, rue de Bagneux, Paris.

AURILLAC
IMPRIMERIE MODERNE

F. CADIC

Directeur de la Paroisse Bretonne de Paris

DANS LA
CAMPAGNE BRETONNE

ÉTUDE SUR LES MÉTIERS, LES HABITUDES
ET LES TRAVERS DES PAYSANS BRETONS

Se vend 0 f. 60; par la poste, 0 f. 75

au profit des Œuvres de la Paroisse Bretonne

EN DÉPOT : Au Bureau de la Société, 9, rue de Bagneux, Paris

AURILLAC
IMPRIMERIE MODERNE

AVANT-PROPOS

La Bretagne, depuis quelque temps, est le pays à la mode. Son nom est sur toutes les lèvres, et les derniers événements ont encore grandi sa réputation. Il n'est petit bourgeois, amoureux de villégiature, qui ne rêve d'un coin perdu parmi les rochers de son littoral. Aux artistes en quête d'impressions fortes, aux écrivains en mal de roman, aux poètes à la recherche de rimes neuves, elle apparaît comme une terre sacrée, source d'inspiration. Sa nature est si étrange, son peuple si singulièrement conservé dans son originalité puissante !

A-t-elle profité, au moins, la Bretagne, au contact des étrangers? A-t-elle gagné d'être mieux connue? Il est à craindre que non. Il semble même que d'année en année quelque chose s'en va de son caractère. Avec les lignes de chemin de fer qui les sillonnent, ses paysages prennent des aspects de banalité, et à travers les récits de ses explorateurs fantaisistes, les traits qu'on lui prête ne sont trop souvent qu'une vaine caricature, une contre-façon de la vérité.

Il conviendrait au moins que ses fils, ceux que son air a vivifiés, ceux qui ont vécu sa vie intime, ceux qui ont appris à l'aimer autrement que par snobisme, entrassent en scène à leur tour. A eux d'empêcher qu'on défigure ou qu'on ridiculise leur mère. A eux de dire ce qu'ils savent d'elle, dans des œuvres inspirées par l'exacte vérité.

Quelque modeste qu'elle soit, c'est de cette pensée que s'inspire la brochure que nous publions.

Nous nous étions proposé antérieurement d'exposer, en termes rapides, quel avait été le rôle joué par la Race Bretonne à travers l'histoire, quels services elle rendait aujourd'hui encore à la France et à l'Eglise, quelles difficultés elle rencontrait dans l'accomplissement de sa mission, de quel danger terrible enfin elle était menacée du fait d'une Emigration mal comprise et mal dirigée. Nous voulons entreprendre ici de pénétrer au cœur même de cette race, de l'étudier sur son sol natal, dans ses types divers, dans sa façon de penser et d'agir, dans sa vie de chaque jour.

Ce que nous avons envisagé, ce n'est pas le Breton des villes, plus ou moins mâtiné d'étranger, plus ou moins rebelle aux traditions du pays, qui affiche trop volontiers le mépris de la langue et des idées nationales, c'est le Breton de la campagne, l'homme de la race demeuré bien fidèle à lui-même, fidèle aux habitudes ancestrales et qui, docile au précepte divin: Vous mangerez votre pain à la sueur de votre front, s'en va dans l'existence vers les destinées que la Providence lui a marquées, en poussant la charrue, en maniant la hache ou l'aviron.

Ceci, en effet, est une étude des métiers et des habitudes dans la campagne Bretonne. Puisse cette étude être goûtée de nos lecteurs ! notre ambition sera satisfaite, si, grâce à elle, à l'heure où sévit contre sa langue une persécution officielle stupidement rageuse, la Bretagne trouve moyen d'être plus connue, plus appréciée, surtout plus aimée. Qu'elle vive toujours, la Bretagne, qu'elle vive et que ses ennemis soient confondus !

F. C.

DANS LA CAMPAGNE BRETONNE

PREMIÈRE PARTIE

LES CAMPAGNARDS BRETONS

En Général

Leur Esprit et leur Caractère

L'âme du *campagnard breton* est un sanctuaire fermé que l'œil du profane pénètre difficilement. Il faut l'avoir fréquenté longtemps, pour pouvoir la deviner. Comme la nature grise qui l'enveloppe, elle est mélancolique et réservée. La langue, les habitudes de localisme, la méfiance de l'étranger sont pour elle des préservatifs qui la mettent à l'abri des doctrines nouvelles et subversives. Quelques sentiments pourtant la dominent qu'on sent transpirer d'instinct : *l'amour du sol natal*, la *passion de la liberté*, l'attachement aux *croyances religieuses*. Interrogez-le, étudiez sa chanson. L'un et l'autre vous diront : oui, certes, aux prises avec le labeur journalier, avec les rigueurs du sort, avec la malice des hommes, elle est dure la condition du *campagnard*. Que d'amertumes et de tristesses ! combien rude l'outil ! Combien ingrate la terre, que de sueurs pour féconder ses sillons ! Oui, mais n'est-ce pas la terre qu'ont cultivée les ancêtres, qui a reçu leurs ossements, qui recevra aussi les siens à son jour ? Si l'atmosphère qui l'entoure est sombre, du moins c'est une atmosphère de liberté. Si le pain de seigle qu'il mange est le pain du malheureux, au moins l'a-t-il gagné.

Et puis, lorsque le cœur est trop plein, lorsque, silencieusement, dans l'excès du labeur, les larmes montent aux paupières, n'a-t-il pas la faculté de redresser le regard vers le ciel? *Venez à moi, vous qui pleurez !* lui dit une voix du haut de la croix qui protège au cimetière les tombes des trépassés, et cela suffit pour lui rendre courage.

Chrétien il est, le *campagnard breton*, jusqu'à la moëlle, et telle est la raison de sa force et de son endurance, telle est peut-être aussi la raison des préventions qu'il nourrit contre les colporteurs d'idées mauvaises, généralement figurés sous les traits des *gens de ville.*

Pourquoi le dissimuler, en effet? Cet homme, aux convictions si profondément enracinées, a pour le moins des haines aussi tenaces, et c'est encore là une des particularités de son caractère.

Sans doute, dans la société campagnarde elle-même, il y a bien des oppositions d'une classe à l'autre. On battra froid au *meunier* qui, dans les sacs, prend mesure trop pleine. On se méfiera du *tailleur* dont la langue est aussi pointue que l'aiguille. On n'estimera pas *l'aubergiste*, parce que sa maison est le rendez-vous des viveurs. Mais, après tout, ceux-là sont aussi des campagnards. Leurs petits méfaits leur vaudront d'être ridiculisés peut-être. Cela ne deviendra pas de l'hostilité.

Il en est autrement de *l'homme de ville.* Voilà le véritable ennemi.

Pour qui ne connaît pas à fond l'esprit du *campagnard breton*, il est impossible de se rendre compte de l'intensité de ce sentiment. Dans la ville, il ne voit qu'agents du fisc retors, chats fourrés et jouisseurs, toutes gens qui n'ont que du mépris pour lui, qui spéculent sur sa détresse, et qui battent monnaie avec les produits de son travail.

Il n'y aurait rien d'exagéré à prétendre que l'histoire de la Bretagne dans les temps passés, aussi bien que les événements du temps présent, trouvent en partie leur explication dans l'opposition de ces deux personnages, du *campagnard* et du *citadin*.

Hier, c'était la Révolution. L'homme de ville est *volontaire national*, apôtre des principes nouveaux. Vite le paysan décroche son fusil : le voilà *chouan*, défenseur de l'ancien régime.

Aujourd'hui, ce sont les *élections*. Le citadin est-il à gauche ? Regardez à droite, vous verrez le *campagnard*..

Les chaudes batailles qu'ils se livrent, lorsque les circonstances les amènent en présence l'un de l'autre ! Pour le *campagnard* du reste, bourgeois et artisans des villes, c'est tout un. La qualité d'*homme de ville* suffit pour provoquer des rixes à l'occasion.

Au soir des grands Pardons, malheur aux jeunes messieurs qui sont restés courtiser les belles filles et qui ont prolongé trop tard leurs libations dans les auberges en plein vent ! Les robustes gars de la campagne leur font jusque chez eux une conduite qui leur laisse parfois de cuisants souvenirs.

Quand viennent les *tirages au sort*, c'est chose autrement grave. La ville ressemble à une place prise d'assaut. Il ne suffit pas toujours de la gendarmerie sur pied de guerre, il faut y adjoindre la troupe. Aux conscrits de la campagne, les abords de la mairie, les rues et les auberges ; à eux la place publique sur laquelle leurs binious mènent la ronde entraînante. Aux conscrits citadins à payer les rubans, à régaler leurs hôtes d'un jour, sous peine de faire connaissance avec des poings solides. Il n'y a pas jusqu'aux respectables municipaux mêmes qui ne soient exposés à de graves sévices. Qu'il leur prenne fantaisie, par exemple, d'élever arbitrairement les droits d'octroi sur les marchandises apportées au marché, et l'on entendra de belles clameurs de colère ; or, de la colère à l'émeute, pour le *campagnard*, il n'y a qu'un pas.

Entre autres villes de Bretagne, *Pontivy*, pour ne citer que celle-là, occupe un des centres d'agitation les plus mouvementés.

Au premier aspect cependant, rien de plus calme que les habitants d'alentour. Avec leurs vestes blanches, brodées de velours et semées de boutons de métal, on dirait des *moutons* (c'est, en effet, le nom sous lequel on les désigne). Mais, si du mouton ils ont la toison, ils n'en ont pas toujours le caractère. Ils furent terribles durant le soulèvement de la Chouannerie, ils le furent encore depuis. Les plus agressives et les plus ardentes, à chaque fois, ce furent les femmes.

Les gens de la génération actuelle se rappellent fort bien deux journées populaires. A la première, il y a de cela près de quarante ans, on venait de mettre un droit excessif sur le beurre, les œufs, les grains, à l'entrée de la ville. Le jour du marché, ce fut un spectacle tragique. Par tous les chemins, des bandes de paysans accoururent, le *Penbah* à la main, *Pourlets* de Guémené, *Fichauds* de Cléguerec, *Fourauds* de Noyal, *Chag dù* (chiens noirs) de Locminé, décidés à tout saccager. En vain, le maire voulut-il les calmer. Une femme lui brisa un panier d'œufs sur la tête, ce qui le mit en piteux état et ce qui lui valut, dans la suite, une chanson malicieuse de la part d'un barde campagnard. Il fallut une charge de cavalerie en règle pour rétablir l'ordre.

La seconde émeute éclata, voilà vingt-cinq ans bientôt, à l'occasion d'une imposition excessive des grains. C'était encore la municipalité qui avait eu cette idée. Le jour du marché, sept personnes seulement apportèrent du grain. Le couteau à la main, les femmes de la campagne attendaient : en un clin d'œil, les sacs furent éventrés et le grain répandu sur la route. Aussitôt une manifestation houleuse se produisit à travers la ville. Afin de ne pas fournir aux soldats de motif d'intervention, les hommes se tinrent sur la réserve. Les femmes besognèrent à leur place.

Le plus fautif des municipaux, l'instigateur de la mesure, était un de ces Homais prétentieux, pauvre homme à cerveau étroit, tel qu'on en rencontre dans les sous-préfectures ignorées, qui tiennent boutique ouverte d'anticléricalisme et ne manquent pas une occasion de commettre des sottises.

Dès le début, une clameur immense s'était élevée : *Au Blavet, à l'eau, le municipal!* Eperdu, haletant, il fuyait dans la ville, traqué par la foule. Soudain, l'église se dressa devant lui. Il y avait, paraît-il, plus de vingt ans qu'il n'y avait mis les pieds ; comme un fou, il en franchit le seuil, demandant protection à Dieu et à ses ministres. Saisis d'étonnement devant cet *acte de dévotion* et aussi de respect à cause du saint lieu, les poursuivants s'arrêtèrent. Mais, pour débloquer la place, en vain les gendarmes donnèrent-ils de leurs personnes et cherchèrent-ils à entraîner les meneurs, ils furent renversés de cheval, piétinés et ne trouvèrent le salut qu'en se réfugiant euxmêmes dans la prison.

La nuit et l'ordre de retirer l'imposition calmèrent seuls l'effervescence de la foule.

Tel est le *campagnard* breton. Son âme a bien été façonnée, domptée par la vertu du Christ. Par nature, elle est patiente et résignée, contente de peu, satisfaite de la grosse toile dont il s'habille, du pain de seigle et du lait aigre dont il se nourrit. Néanmoins, tout au fond, cette âme secrète une flamme qu'une

légère couche de cendre recouvre à peine et qu'il ne
fait pas bon aviver.

Il a la haine de ce qui sent l'oppression, de ce qui
froisse sa dignité. Sur la table du bourgeois, il le sait,
il y a bon rôti et bon vin ; il se doute que c'est
lui qui en fait les frais : il ne s'en offense pas. Mais,
ce qu'il ne pardonne pas, c'est qu'on se rie de sa
bonté d'âme, en la traitant de naïveté, c'est qu'on le
pressure contre toute justice, car alors l'instinct de la
révolte se réveille avec une sauvage énergie.

Nul au monde n'a, comme lui, la fierté de sa condition ; nul au monde n'exige non plus davantage
qu'on respecte l'outil qui lui sert de gagne-pain et les
traditions dont il a vécu.

Ils feront bien d'y regarder à deux fois, les
semeurs d'ivraie qui viennent de loin jeter le
trouble dans son esprit, sous prétexte de l'arracher à
ses préjugés. Quand Jacques Bonhomme se fâche,
ses colères sont terribles : il se pourrait que ses premières victimes fussent les apôtres de l'*Evangile de
haine* ; oui, vraiment, mieux vaut que le campagnard
breton dise à Dieu : Je vous aime ! que s'il criait à la
société : Je vous hais ! Son aïeul a eu raison de lui
enseigner à prier, dans ses chagrins, et pour répéter
les paroles d'une chanson populaire, « *à peiner nuit
jour afin de gagner le Paradis* » plutôt que de lui apprendre ces mots d'une autre chanson connue :

Je vous trouve mal avisés, paysans, de travailler toute la semaine, et d'aller à Pontivy envoyer votre argent le lundi.

D'aller à Pontivy leur apporter votre argent, alors que, chaque jour, ils mettent rôti au feu.

*M'hou Kav sod, païzanted, labourat pad er zun
Ha monnet de Bondy de gas argant d'er lun.
Ha monnet de Bondy de gas d'hé hou s'argant
Hag é mant ind bamdé lakat bér doh en tan.*

DEUXIÈME PARTIE

LES PRINCIPAUX MÉTIERS
dans la Campagne Bretonne

CHAPITRE PREMIER

Le Laboureur

Dans la société campagnarde, voilà le roi. C'est lui qui joue le premier rôle et c'est autour de lui que se groupent les autres travailleurs. La terre est à lui, comme la mer est au marin. En contact avec elle toujours, il est l'ouvrier de la grandeur du pays. Les moissons fécondes, c'est de sa sueur qu'il les produit, et si, de par le monde, il se rencontre encore des missionnaires de Dieu et des défenseurs du nom français, c'est du sang de ce robuste travailleur qu'ils sont nés.

Pas plus d'ailleurs que chez son frère, le Jacques Bonhomme des autres provinces, il ne faudrait chercher chez lui la distinction des manières et l'élégance extérieure. De ces superfluités mondaines, il n'a cure, il les laisse au bourgeois.

Combien différent néanmoins du portrait que La Bruyère a tracé du paysan ! En le peignant sous les traits d'un *animal farouche*, le hargneux parasite des Condé qui n'a représenté les hommes qu'en les égratignant, ignorait ce qu'était le paysan breton. Il n'a pas su pénétrer dans l'âme de ce simple.

Sous l'habit de toile troué par les gros temps, vous sentiriez vibrer le cœur d'un brave ; derrière le visage hâlé, marqué de traits par les intempéries, vous devineriez une intelligence vive, toujours en éveil au contact direct de la *Nature*. A défaut de l'enseignement des écoles en effet, la *Nature* est une savante maîtresse qui s'entend à merveille à fortifier la pensée, à développer la délicatesse des sentiments chez tous ceux que le sort a voués à son service.

Isolé parmi ses champs, au fond des campagnes perdues, rivé à un labeur qui l'absorbe, sans trêve ni repos, le *laboureur* breton ne vit guère dans la société de ses semblables. Hors la messe au bourg le dimanche, le marché de temps à autre à la ville voisine, qui voit-il ?

Le *valet de ferme*, son habituel compagnon, le petit *pâtour*, qui gîte sous son toit quand le troupeau est rentré le soir à l'étable, le *garçon meunier* dont la voix tous les huit jours retentit à sa porte : « Y a-t-il une pochée de grain, la maîtresse ? » le *tailleur* qui vient une fois par mois lui raccommoder ses vieux habits et lui conter les potins du canton.

Le reste du temps, il est livré à lui-même, seul avec la belle Nature. Elle peut donc s'en aller librement, sa pensée où il veut, vers ce soleil de Dieu qui rayonne sur sa tête, vers cette terre nourricière qui entr'ouve son sein avec délices pour recevoir les semences. Naturellement, elle se sent religieuse car avec la réflexion l'idée du divin grandit toujours.

Quelque solitaire que soit sa vie d'ailleurs, il y a cependant auprès de lui des amis sur lesquels il lui est loisible de reporter ses affections ; ce sont les compagnons de son labeur ; c'est *Bleu*, son cheval, qui courageusement tire du collier le long de la journée : c'est *Dragon*, son chien, qui, sur ses pas, chemine dans le sillon, tandis qu'à droite et à gauche retombent les mottes de terre soulevées par le

soc tranchant ; ce sont surtout ses deux bœufs *Brèhru*
et *Brèhdu* qui s'en vont, traînant la charrue, de leur
pas inlassable, aussi longtemps que le soleil brille
sur l'horizon.

Ses deux bœufs ! oui, vraiment, voilà ses meilleurs
amis. Il n'a pas d'auxiliaires plus dévoués, plus utiles
et plus inséparables. Qu'il neige ou qu'il vente, qu'il
gèle à pierre fendre ou que les ardeurs de juillet brûlent ainsi qu'une fournaise, ils sont toujours là, majestueux et impassibles, portant gaillardement le joug
comme les sénateurs romains faisaient la toge.

Or, tandis que tous les cinq, le *laboureur* et ses
bœufs, son cheval et son chien s'acquittent, chacun
à sa façon, de l'obligation du travail, d'autres amis
sont par là dans le champ, dont les mille voix répan-
dent l'animation et leur servent de stimulant : ce
sont les *oiseaux*.

On croirait que la Bretagne est pour eux la terre
de prédilection. On rencontrerait difficilement, en
effet, une région plus boisée. A l'entour, comme le
dit *Brizeux*, il y a bien la mer avec ses falaises nues
et ses îlots stériles, mais au milieu il y a les forêts
touffues allongées sur les flancs des collines, les tail-
lis épais, les landiers où l'ajonc pousse dru et serré,
un vrai bocage, en un mot, à travers lequel des milliers de chanteurs ailés font entendre leur harmonieux concert :

> *O Breiz izel, o Kaèrel bro,*
> *Koet en hi hreiz, mor en hi zro !*

O Basse Bretagne, ô beau pays,
Avec ses bois au milieu et sa mer tout autour !

Dans son existence de solitaire, ce sont précisément ces chanteurs ailés qui fournissent au *laboureur* son habituelle distraction. D'eux à lui,
il règne une sorte de familiarité de bons amis. Ils
sont associés à son bonheur comme à ses peines.

Pour les comprendre du reste, point n'est besoin d'avoir fréquenté les écoles et de lire dans les livres à la façon des savants. Il suffit d'être initié aux secrets de la Nature. Du haut de leurs perchoirs champêtres, les oiseaux l'avertissent, le reprennent, le conseillent, et leur langage est pour lui d'une clarté limpide.

A-t-il, par hasard, au saut du lit, négligé sa prière ? Il entend, par-dessus les landiers, l'*alouette* matinale qui égrène son chapelet et qui pointant vers le ciel, dans un vol audacieux, ose demander au Père éternel de vouloir bien lui en permettre l'entrée, moyennant de belles promesses de conversion :

> « Bon Dieu, bon Dieu,
> Ouvrez-moi la porte
> Je ne jurerai plus, je ne jurerai plus ! »

> (*Douéik, Douéik,*
> *Digoret 'nor dein*
> *Duicin ket kin, duiein ket kin !*)

Avant même que le soleil ne soit levé, tout le petit monde ailé est déjà à l'œuvre. A-t-il fait un tour au courtil, avant que de partir aux champs ? Il surprend en flagrant délit un voleur qui en veut à ses abeilles. A l'entrée de la ruche, où bourdonnent les actives travailleuses, il aperçoit la *mésange* qui les guette au passage et qui dit, en piquant du bec contre les murs de l'habitation :

> « Poc, poc, poc !
> N'y a-t-il personne au logis !
> L'une après l'autre, l'une après l'autre.
> Trop, trop, trop !
> Du renfort, du renfort ! »

> (*Poc, poc, poc*
> *Deschet den ir ger ?*
> *'Non hag unon* (bis)
> *Ré, ré, ré !*
> *Tud d'em sikour ! tud d'em sikour !*)

Pendant ce temps, un autre larron, caché dans les branches d'un pommier, le nargue avec malice : c'est le *pinson* qui le presse de semer son chanvre, espérant qu'il y trouvera sa part :

Cher cousin, cher cousin,
Tu ne sèmes pas encore ton chanvre ?
Quand est-ce que tu sèmeras ton chanvre ?
Par ici donc, par ici donc !

Kanderüik, Kanderüik,
Lakeit ket hoah Kouarh !
Pegours vo lakeit er houarh ?
Dréman 'ta, dréman 'ta !

A-t-il oublié de donner à manger aux hôtes de sa basse-cour ?

C'est le Coq qui réclame, de sa voix claironnnante : « Nous n'avons rien eu ! »

N'euz ket bet netra.

Puis, quand il est rassasié, qui le remercie en ces termes : « Le coq vaut dix-neuf réaux ! (4 fr. 95) »

Naondek real ar c'hok !

Le concert, commencé à une heure si matinale, se continue de la sorte, la journée entière. Comme il s'en va aux champs, il aperçoit, perchée à la cime d'un chêne, la *mauviette* grondeuse qui le presse de hâter le pas et lui reproche son manque de savoir faire :

Ouvrier, ouvrier, tu es en retard !
Vas voir ton champ de seigle,
Comme il est touffu.
Mauvais laboureur !
Vas donc voir le mien
Comme il est beau,
Comme il est uni !

Gounisek, gounisek, dehad ous !
Ker't de huélet hou segalek
ped ker bouchadek !
fal labourér !
Ker't de huélet m'hani mé
ped ker braï,
ped ker flour !

A l'entrée même de son champ, il est accueilli par
le minuscule *roitelet* qui se démène, qui se multiplie,
qui se donne de l'importance, tel un maître de maison, qui tantôt regrette son insouciance :

Si je l'avais su cet été,
Je me serais bâti une maison pour l'hiver.

Pe béhé gouiet en han man
bé groeit en ti 'veit 'r gouian man.

Tantôt, sans égard pour la modestie, crie à tout
venant :

En mon pays il y a du bois
Aussi gros que ma cuisse.
Je ne suis pas grand, mais je suis lourd ;
Quand je monte sur la pierre du pressoir,
C'est bon, si ça ne craque !

E me bro mé 'hés koët
ken teü al men divoret.
ne don ket bras, mès me zo ponnér ;
pe dan ar er men pressoér,
Mad ma ne gre., mad ma ne grev !

Doucement, sous le buisson, le *rossignol* murmure
son refrain d'amour :

Le cœur que tu m'avais donné,
Ma douce amie, à garder,
Je ne l'ai perdu ni détourné,
A aucun mauvais usage consacré.

Ar galon as poa d'in roet,
ma dousik koant, da viret.
na meuz kollet na distreet
na d'usaich fal lakaet.

Tandis qu'au milieu du champ, le *geai* est tout aux
intrigues de mariage avec ses congénères :

Donne ta fille à mon gars (*bis*). —
Elle n'a pas de rentes (*bis*) —
Elle en aura (*bis*) —
Son père est tisserand,
tic, tac, férr !

Reit hou mèrh d'em mab. —
Deschet rant. —
hi devo, hi devo. —
hi zad e zo guazér.
tik, tak, férr !

Le *merle,* de son côté, parmi les branches du houx,
a des accents particulièrement convaincants : c'est le
meilleur confident du *laboureur.* Il aime à parler
comme lui, à raconter à la bonne franquette ses
préoccupations de famille :

> J'ai vécu trois mois
> Sous un buisson de houx
> Sans trouver un grain, un seul grain :
> Aujourd'hui j'ai le choix des vers
> Et je ne les apprécie pas :
> Vas donc *Brêhdu ! hardi Brehru !*
> Afin de semer mon blé noir,
> Marche ou je pique !
> J'ai trois gars, trois gars solides.
> Mon fils Pierrot, mon fils Jacot, mon fils Louis.
> Je les mettrai à l'école ; ils écriront.
> J'ai ma femme contre le chêne
> Quatre petits sur ses genoux
> Peut-être cinq, peut-être cinq.
> Marche donc, marche donc !
> Tout à fait semblables à leur père ! »

> « *Me zo bet mé tri mis*
> *Edan er bod Kelen,*
> *Hemb tanhouat grannen, grannen.*
> *Breman me gav er choej ag er bihigel*
> *Ha n'ou frizan Ket.*
> *Dia ha Brêhdu ! dia ha Brêhru !*
> *De lakat me genèh du,*
> *Dia ha, pé me biko !*
> *Més tri pautr, tri goal bautr,*
> *Me mab Pierro, me mab Jako, me mab Louis,*
> *M'ou hasso d'er skol, ind e skroüio.*
> *Ma me groah Adal 'n erven*
> *Piar plok 'dan hi barlen.*
> *Marsé pemb, marsé pemb,*
> *Dia ha du ! dia ha ru !*
> *Haval mad d'hou zad ! »*

Et ainsi en est-il pour chaque circonstance de la journée. Le *Laboureur* entend sans cesse l'oiseau avertisseur ou conseiller, ami sûr qui ne trompe jamais : le gentil *rouge-gorge* dont la voix argentine l'invite à chercher un asile sous le feuillage du chêne, en attendant que passe l'ondée ; la sinistre *orfraie* dont le cri déchirant annonce un malheur ; le *corbeau* qui lance ses appels répétés à la mort : « Maro ! maro ! » (Mort ! mort !) et la *pie* méchante qui lui répond par de mauvaises plaisanteries : « Krak eo e lagad ! » (Il a l'œil crevé).

Oui en vérité c'est un caractère bien original que celui de ce *laboureur* qui ne se produit guère dans la société de ses semblables. Dieu l'a établi le chantre inspiré de la campagne avec laquelle il est en contact permanent, avec laquelle son âme communie sans cesse. Le bonheur que ce commerce lui procure le dispense de rechercher les vaines joies qu'il trouverait chez les hommes. De là son goût de la solitude. De là peut-être aussi la résignation stoïque dont il témoigne dans les épreuves, résignation qui ne va pas à rechercher les consolations d'autrui.

Il est patient, le *laboureur*. Qu'importent pour lui les grosses fatigues ? Sa robuste poitrine ne redoute rien. Qu'importent pour lui les lourds fardeaux ? Rien ne répugne à sa main calleuse.

Avec son pinceau magique, *Millet*, nous a traduit à merveille ce qu'il y avait de poésie intense dans l'existence de cet homme.

Il commence à faire nuit. Lentement le crépuscule descend sur les pentes de la colline et les arbres prennent une teinte indécise parmi les ombres qui les enveloppent. L'une après l'autre, s'éteignent les milles voix de la création. On n'entend plus que le cri de la cigale qui dit, cachée dans le sillon :

« Voici la fin de la chaleur ! » et le son des cloches qui répètent du haut des tours : « C'est l'angélus, chrétiens ! assez travaillé : voici l'heure de prier Dieu ! »

Le *laboureur* s'est arrêté soudain, comme à un ordre venu du ciel, et debout sur la glèbe, la main posée sur l'instrument du travail, la tête inclinée, il a exhalé de son cœur vers Celui qui fait croître les lis des champs et qui féconde les moissons, le mot de la reconnaissance, mot plus éloquent sur les lèvres du simple, que les plus longs discours : merci, mon Dieu !

Ce paysan qui ne cesse de travailler qu'à l'appel de l'angélus, c'est le *laboureur* breton. Il est tout dans cette nature solitaire, dans cette attitude et dans cette pensée vers Dieu. Labeur et prière, les deux termes vont ensemble. Le *Roi* de la campagne bretonne ne conçoit sa royauté qu'inclinée devant la Croix.

CHAPITRE II

Le Valet de ferme

Dans la ferme, à côté du laboureur, il existe deux autres personnages qui sont ses hôtes habituels, et, dans la mesure de leurs forces, participent à son travail : Le *valet de ferme* et le *berger*. Le *valet de ferme* est aussi un hardi travailleur.

La maison où il est né est une cabane tapie contre la demeure du paysan dans les villages perdus, ou le long des routes solitaires parmi les bouquets d'ajonc. Avec ses murs de torchis et de pierres sèches, avec sa lourde calotte de chaume, on dirait une ruche. A l'intérieur, quelques lits clos, quelques bahuts, la huche à pain et le coucou enroué qui, du haut de sa niche en bois peint, compte les heures du jour, d'un air monotone, durant que, de la fenêtre à la cheminée, les araignées tissent leurs toiles avec une activité fébrile.

Du lever au coucher du soleil, on croirait la maison vide, car tout le monde est aux champs, et pourtant Dieu qui, chaque printemps, répand sur les genêts des milliers de boutons d'or, qui, chaque été, multiplie les grillons parmi la mousse du sentier, amène là d'année en année de nouveaux enfants : *Mathelin, Job, Jeanneton, Loéïs, Margaït, Françoes.* Autour de la pierre du foyer, le cercle s'élargit sans cesse. Ils sont aussi nombreux bientôt que dans la maison du laboureur.

Pas plus que chez le laboureur du reste, les parents ne les élèvent avec l'idée qu'ils sont faits pour jouir de la vie : « *Tu travailleras à la sueur de ton front,* » tel est le précepte que la mère répète chaque jour à son fils, après le credo matinal. Non contents d'enseigner de parole, le père et la mère enseignent d'exemple : *ouvriers à tache* chez le laboureur, ils peinent du matin au soir, et au fur et à mesure que les bras de leurs petits prennent de la robustesse, de nouveaux travailleurs se joignent à eux, pour augmenter l'écot familial.

A huit ans, l'enfant du tâcheron est pâtour sur la lande ; à quinze ans il prétend être *valet de ferme*, C'est déjà un petit homme. Désormais il ne reviendra guère au nid maternel.

Le jour de la *Chandeleur* et de la St-Michel est la date fixée pour se gager. Avec l'aube matinale, le jeune homme arrive sur la place du bourg, son maigre trousseau planté au bout d'un bâton noueux. — Que prétends-tu gagner ? « cinquante écus sonnants au bout de l'année, une paire de sabots neufs, un chapeau de paille aux rubans de velours, un pantalon de drap et deux chemises de lin. » « Tope là, Mathelin, et buvons une chopine ! » Et voilà marché conclut ; demain Mathelin travailleur avec son nouveau maître.

Lorsque, par les rudes frimas de mars, vous voyez le laboureur soulevant à pleine charrue la glèbe dans son champ, vous voyez aussi son *valet* à ses côtés, conduisant l'attelage. Il est dans la prairie, à la belle saison, vers le temps de la Saint-Jean, lorsque la voix de la caille rappelle au faucheur que l'herbe jaunissante est mûre pour le grenier ; il est, la faucille en main, à l'entrée du sillon, lorsque, vers la mi-juillet, l'épi se balance lourdement sous la caresse du vent et que le grain est prêt à se répandre sur le sol.

A 15 ans, à 18 ans même, Mathelin n'est pas un gars très vigoureux : il ne saurait tenir la charrue ; elle est trop lourde pour ses bras ; il a peine à manier la faux ; il lui semble qu'elle lui brise le corps. Mais Mathelin est un brave et il a de l'amour-propre. Il prétend faire tout ce que fait son maître, aussitôt qu'il le pourra ! D'ailleurs, on a pour lui, des attentions spéciales, en raison de la dureté du travail.

Pendant les foins, c'est la fermière qui lui apporte, en personne, dans la prairie, au plus fort de la besogne de la matinée et de la soirée, l'omelette ruisselante de beurre frais ; pendant la moisson, c'est la fille de ferme qui lui sert, sur les quatre heures, un goûter réconfortant, composé de lait aigre et de galettes de sarrazin. Pendant les battages, c'est la meilleure cuisinière du village qui lui prépare l'appétissante soupe au lard et le bon ragoût de pommes de terre nouvelles.

Puis arrivent les chômages de l'hiver. Une fois le temps des semailles passé, il n'y a plus que des travaux secondaires à la ferme. La pluie et le vent d'ouest font rage au dehors ; la neige tombe par rafales, enveloppant la campagne d'un blanc suaire et, dans le silence des nuits, on entend les sinistres appels des hiboux et des orfraies, durant que passe, grinçante sur ses essieux, la *charrette de la mort* (Karikel en Ankou). *Valet* et maître se reposent alors un peu.

Le moment est venu des longues veillées. Autour du foyer, les légendes vont leur train, coupées de chansons du terroir. Il y a là le *mendiant* ou le *tailleur* qui raconte les histoires terrifiantes, la fermière qui fait aller son rouet, les jeunes filles qui filent la quenouille, les hommes qui préparent la nourriture pour les bestiaux ou tressent des chapeaux de paille. Personne n'est oisif dans la ruche.

Parfois cependant le *valet* trouve moyen d'être absent ; c'est, lorsque, par les clairs de lune et les gelées, sur la lande blanche à perte de vue, on voit trotter au loin les lièvres et les lapins regagnant leur abri. L'occasion est belle de placer les lacets ; il n'aurait garde de la manquer ; la nuit durant, il est occupé ainsi avec quelques intrépides compagnons à la poursuite du gibier. Il y a bien également par là, rôdant dans les clairières, le *gendarme (me yont korden)*. Que lui importe ? Le valet est aussi léger qu'un lévrier. Il peut courir, le gendarme, il en sera pour ses frais de chaussures.

Avec les premiers sourires du soleil, quand la neige s'est un peu fondue, *le valet* est aux champs, réparant les brèches des fossés, promenant la serpe par la lande, émondant les chènes trop branchus. Toujours l'existence en plein air, libre de préoccupations.

Il ne lui importe guère en somme que la moisson vienne bien, que les pommiers aient bonne apparence. C'est affaire au fermier. Lui, il est l'enfant perdu des campagnes, il n'a pas de chez lui, mais il a le droit de mener insouciante vie, au besoin de faire faire un peu de mauvais sang à son maître.

Sous la forme d'une de ces apologues humoristiques et sentencieuses, familières à nos paysans Bretons, et dont le sens un peu voilé, cache beaucoup de malice, un poète campagnard, nous révèle dans les termes suivants sa pensée intime :

> « Entre la chaumière et la maison de planches,
> On rencontre trois ou quatre fleurs ;
> Trois ou quatre fleurs couleur de rose :
> Voilà longtemps que je les guette.
> Les serviteurs, quand ils se lèvent,
> Se rendent au champ pour travailler ;
> Ils s'en vont à pas comptés.
> A l'un à l'autre ils se disent :
> Vas à ton aise, j'irai aussi.
> Les maîtres reposent en leur lit ;
> Ils prennent leur plaisir, grâce à Dieu :
> Prenons le nôtre également.
> Je vois la queue de la pie sur l'aubépine,
> Et voilà finie ma chanson,
> La queue de la pie, la queue du merle ;
> Que celui qui sait parle encore ! »

(Tré en ti plouz hag en ti koet
E nemb gaü tri pé biar boket ;
Tri pé biar boket liü er roz :
E hon guerso doh hou gortoz.
Scrviterion ha pe sauan,
D'er park de labourat é hant ;
Ar ou gouarigeu kaër é vant.
Lud e lar d'en eil d'égilé :
Ker't ar ou kouar, me iei éué.
E' ma er vistr en hou guié ;
Plijadur bras hou dés get Doué :
Kemeramb n'hi hon hani éué.
Ma lost er bik ar en dreinen,
Ha chetu achiü me sonnen,
Ha lost er bik ha lost er valh ;
'n hani e hoüio, laret hoah.)

Quand sonne l'heure du *tirage au sort*, c'est le
moment où se termine la bonne vie. Finis les joyeux
Pardons où le *valet* portait la bannière et payait des
gâteries aux belles filles ; finies les foires et les
assemblées où il buvait la bolée de cidre avec les
camarades. Il faut apprendre le français, la marche
au pas, la théorie, et tout cela entre assez difficilement dans sa cervelle.

S'il revient au bout de ses trois ans, peut-être
retournera-t-il chez son ancien maître. Il est plus
probable qu'il se mariera, qu'il aura sa petite chaumière et qu'il sera journalier comme son père. Adieu
dès lors le métier de *valet de ferme* ! Qui sait même
s'il ne partira pas pour la grande ville et s'il n'ira
pas grossir le nombre des pauvres émigrés bretons ?

Nous avons l'avantage de posséder, dans le *dia-
lecte de Vannes*, deux poèmes remarquables qui
nous dépeignent la condition du *paysan* et aussi
celle du *valet de ferme*. L'un *Livr er labourer* (Le livre
du laboureur) de M. *Guillôme*, ancien recteur de

Kergrist, est un pur chef-d'œuvre qui rivaliserait avec les *Géorgiques* ; l'autre, *En Est* (La Moisson) de M. *Cadic*, recteur de Bieuzy, dénote une grande connaissance du paysan et, avec une rare maîtrise de la langue Bretonne, nous donne un tableau achevé de la vie rustique. Il est à craindre qu'il ne soient, en quelque sorte, le testament du *valet de ferme*. Il fait dur vivre à la campagne, car le laboureur ne vend plus son blé. Grâce à la machine dont il dispose maintenant, il lui est possible et plus avantageux de se passer d'auxiliaire. Que voulez-vous que devienne le *valet de ferme*, s'il ne va gagner son pain au loin ?

Saluons, en passant, une classe bien intéressante de nos campagnes ! Elle est déjà fort diminuée. Dans quelques années, l'Emigration en aura emporté les derniers survivants : il n'y aura plus de *valet de ferme*.

CHAPITRE III

Le Petit Berger

Voilà le second auxiliaire du laboureur, celui qui de son côté, dans la mesure de ses petites forces, contribue à la prospérité de la ferme.

M. de *la Villemarqué*, le grand barde de la Bretagne contemporaine, a recueilli sur lui une de ses chansons les plus populaires et l'a publiée en son *Barzas Breiz*. C'est d'une poésie à la fois simple, sentimentale et gracieuse, telle une pâquerette du printemps : « *Dimanche matin, comme je me levais, pour conduire mes vaches aux champs, j'entendis ma douce chanter et je la reconnus à sa voix ; j'entendis ma douce chanter, chanter gaiement sur la colline, et moi de composer une chanson, pour chanter avec elle aussi !* »

Il semble néamoins qu'en ceci l'imagination ait quelque peu entraîné le poète et qu'il ait prêté à son héros des préoccupations qui sont prématurées à son âge. A dix ans, on ne rêve pas encore d'amour. On songe peut-être au devoir, mais on pense surtout à bien jouer.

Les belles parties qu'on se donne, en gardant les troupeaux, lorsque les jeunes *bergers,* réunis des différents villages, dansent la ronde sur la lande, font la *queue de renard* (Lostik Luharn), sautent le ruisseau ou s'amusent (presque pour de bon parfois) au rude *jeu de la guerre !*

A la nuitée, à l'heure où les bestiaux rentrent à l'étable, cela devient un harmonieux concert de voix fraîches et limpides. Les valets de ferme, en abattant leur dernière gerbe, jettent au ciel, sur un mode prolongé, les retentissants *Grouifaden* que les Bleus de la Révolution prenaient pour le chant de la chouette, et les petits pâtres, d'une colline à l'autre, se renvoient l'adieu du soir et se donnent rendez-vous pour le lendemain, sur un air d'une simplicité rustique, d'un rythme très entraînant :

> « Où mèneras-tu tes vaches demain,
>   Ma petite Margaït ?
> Au champ des petites pierres,
>   Mon cher François !
>   Conduis-les, reviens.ici'
> Et nous nous amuserons, (*bis*)
>   Ma petite Margaït ! »

> *(Men 'hei hou seut arhoah*
> *   La Margaït lo ?*
> *De bark er menigeu*
> *   La Françes lo !*
> *Touchet ind, ha deit indro*
> *   Ha ni e hoario*
> *   La Margaït lo !)*

Quelle âme attirante que celle de ce petit rossignol du landier ! Il n'a ni les ruses ni non plus les exigences de son frère, l'enfant des villes : il ne pense qu'à aller tout droit son chemin ; ce n'est pas lui qui pleurera à la moindre contrariété ou qui témoignera des allures de petit maître, terreur des parents et spécialement des inférieurs. Il n'a pas été élevé à la façon d'une poupée capricieuse.

Sa première pensée, en sortant du berceau, a été la pensée du travail et du sacrifice. Il faut bien que, dans la chaumière campagnarde, lui aussi fournisse sa tâche.

Le *berger breton* sort d'une double origine : ou bien il est fils d'ouvrier agricole, ou bien il est enfant de fermier. Le fils du premier, on peut le dire, naît mercenaire. Quand son père, sa mère, ses frères demeurent, la journée entière, absents de la maison, travailleurs à tâche dans les villages voisins, que voulez-vous qu'il fasse dans le logis aban-donné ? A peine a-t-il quitté la robe aux couleurs voyantes qui protégea sa prime jeunesse, pour revêtir le pantalon qui fera de lui un *petit homme* qu'il rêve de champs et de bois et de la vie libre qu'on y mène. Il se taille un bâton, et le voilà en service, conduisant au pâturage le troupeau du fermier. Il est satisfait d'ailleurs de peu : 15 francs *par an*, une paire de sabots, une chemise de grosse toile, un pantalon et une blouse de mauvaise cotonnade. Avec cela l'être le plus heureux du monde, même quand les intempéries, les gambades dans les halliers ont occasionné aux genoux et aux coudes de lamentables déchirures, même quand son insouciance lui vaut de magistrales corrections de la main du maître.

Mais il y a aussi le fils du fermier. Celui-là non plus, sa mère ne l'a pas mis au monde pour le conserver en serre chaude. Son père travaille ; elle travaille : elle n'a guère le temps de l'idolâtrer. Et puis ne sait--on pas que les ouvriers sont chers ? Il faudra bien que le petit gars tienne la place de l'un d'eux. A six ans, la main dans la main de son frère plus âgé, et accompagné de son chien *Médor* qui guette, d'un œil d'envie, les miettes de sa tartine de pain de seigle, il s'en va vers la prairie, à la suite de ses vaches et de ses moutons. A dix ans il se suffit bien tout seul ; c'est un *berger en pied*.

Il y a sans doute là l'école de la Paroisse qui l'appelle et, par derrière, la *loi scolaire* qui lui commande de s'instruire. Il en a bien cure ! Peut-être cependant le fils du fermier se laissera-t-il entraîner un moment. Quant au fils de l'ouvrier agricole, c'est pour lui le second de ses soucis. Qui est-ce qui le nourrirait, s'il suivait la classe ?

Et puis il n'a pas les ambitions des *fils de messieurs :* il n'est pas de ces jeunes gens qui entrevoient toujours, dans le lointain, le manteau d'hermines du

procureur, les galons dorés du capitaine, le rond de
cuir du fonctionnaire.

Il peut continuer à enseigner les quatre opérations,
le Pédagogue. Lui, il préfère étudier le livre de la
nature. C'est en courant les buissons qu'il s'instruit.
Ne lui demandez pas de la grammaire, mais deman-
dez-lui donc s'il ne connaît pas les mœurs de cette
multitude d'oiseaux qui lui tiennent compagnie dans
les champs. Il vous apprendra qu'au merle il faut
une touffe de ronces et d'épines très épaisse pour
bâtir son nid : à la mauviette. un jeune sapin aux
branches très fournies ; au geai, le lierre du chêne :
à la pie, le sommet des grands arbres ; à la tourte-
relle et à la grive, une branche de pommier abri-
tée sous le feuillage. Il vous en dirait tout autant sur
la manière de faire leur nid, sur le nombre et la couleur de leurs œufs, ce qu'ils racontent dans leurs chants.
Allez donc réquisitionner le garde champêtre pour
amener à l'école ce jeune aventurier des bois ! Le
ministre de l'intérieur lui-même prescrivant d'oublier
le *breton* et d'apprendre le français académique y
perdrait son latin.

Au printemps, il est aux nids, et nombre d'arbres
du voisinage montrent à tout venant les trophées ar-
rachés à son veston et à son pantalon. En été, il s'a-
muse à sauter le ruisseau ou à glaner des épis. En
hiver, il est tapi contre le fossé de la lande auprès
du feu qu'il a allumé et autour duquel il a disposé
des pierres en rond, afin que les âmes des trépassés
viennent s'y réchauffer la nuit, durant son absence.

Une voix seule, trouve crédit, quand il s'agit d'étudier : celle de Monsieur le *Recteur*, demandant d'assister aux leçons de catéchisme, à l'approche de la
première communion.

C'est à l'église du bourg ou dans une chapelle de
campagne qu'ont lieu les réunions, pendant le prin-

temps, lorsque les troupeaux sont rentrés à l'étable, pour laisser passer les fortes chaleurs du jour. Par les sentiers qui sillonnent la lande, on voit accourir les petits gars, tête nue et leurs sabots à la main. De pieuses personnes leur ont déjà inculqué les éléments de la doctrine, dans les longues soirées d'hiver. Il ne leur en coûte guère maintenant de parfaire leur éducation religieuse.

Une fois la première communion, puis la deuxième passées, le *Berger* retourne, libre de soucis à son troupeau, jusqu'au moment où il échangera sa houlette contre la faucille du valet de ferme, sur les quatorze ans.

S'il est rare qu'il ait appris à lire, il est rare aussi qu'en pays *bretonnant* on lui ait enseigné le français. Il en éprouvera peut-ère un peu plus de misère, une fois au régiment, mais bah ! la *gauche*, la *droite* et le *demi tour* sont des notions dont on se pénètre assez vite. Pourquoi s'en tourmenter à l'avance, et cela empêche-t-il de savoir verser au besoin son sang pour le pays, tout comme un autre ?

Parfois cependant les parents, mieux avisés, cherchent à obvier à cette difficulté, du moins dans les régions les plus rapprochées de la Haute-Baetagne. On enverra le petit pâtour apprendre le français dans ce qu'on appelle le *pays Gallo*. Il acceptera du service là-bas chez le premier fermier venu ; il cessera de *bretonner* quelque temps et se composera un petit bagage de français. Ce français là certes, tout savoureux qu'il est et bien fils du terroir, n'a rien de la pureté académique du parler des grands maîtres, et, souvent, sur les lèvres du jeune berger, il donnera lieu à de singuliers *quiproquos ;* il n'en est pas moins vrai qu'à son retour au village natal, il se eroira, grâce à lui, un véritable savant.

Pauvre enfant, qu'il garde ses illusions ! Il a si peu

de prétentions et il est heureux de si peu de chose.
Nul mieux que lui ne met la gaieté, le bonheur et la
vie dans notre lande parfois si triste. Qu'on le laisse
donc à sa chanson, fût-ce même aux dépens de
l'école. La science n'en sera guère appauvrie et la
poésie y gagnera.

I

Enfants perdus aux landes de Bretagne
J'aime vos airs et j'aime votre voix,
Quand, libre au vent, du haut de la montagne
Votre chanson s'envole au fond des bois.

II

Quand vous dansez en rond sur la bruyère,
Près des dolmens, pâtres, mes doux amis,
Tournez, tournez autour des grandes pierres,
En répétant la chanson du pays.

CHAPITRE IV

Le Marin

En face du paysan-laboureur dont la royauté sur la terre est incontestée, il y a un autre personnage, le *marin*, qui lui dispute la première place dans la société campagnarde. Le *marin* est le roi du littoral, le *laboureur de la mer*. Son sillon à lui, c'est la vague : c'est elle qu'il fouille du soc de sa charrue : c'est à elle qu'il demande sa subsistance ; c'est dans ses flancs peut-être qu'il creusera sa tombe.

Type bien caractéristique, le plus original peut-être de la Bretagne. Il faut le voir sous sa vareuse de laine et son pantalon de gros drap, tout englués d'huile et de goudron, avec son torse puissant, bâti en tronc de chêne, son corps tantôt trapu, tantôt athlétique, sa poitrine aussi velue que la peau d'un sanglier, son visage au masque rude, que la morsure du salin a bruni et tanné, où la barbe court, épaisse, piquante, désordonnée, telle un gros bouquet d'ajonc.

On le reconnait à distance, rien qu'à sa démarche, démarche lente de l'homme qui craint toujours de poser le pied dans le vide, démarche sautillante qui semble animée d'un perpétuel mouvement de tangage, comme s'il croyait danser à la crête des flots.

La pipe aux dents ou la traditionnelle chique dans le creux de la bouche, il a toujours l'air rêveur. Même à terre, sa pensée est là-bas derrière l'horizon, au bout de l'étendue verte.

A la différence de son frère le Paysan, dont les douleurs et les joies s'échappent en chansons, il est plutôt silencieux. Rarement vous l'entendrez un refrain aux lèvres. Quelle autre harmonie connaîtrait-il, sinon le cri aigu de la mouëtte, le sifflement du vent dans les cordages, le tonnerre des flots entrechoqués et l'appel désespéré des « Péris en mer » ?

Il faut le voir, lui et ses compagnons, lorsque la tempête empêche les barques de quitter le rivage. Ils ont l'attitude d'âmes en peine. Ils sont là, le long de la jetée, deux par deux, en groupe souvent, silencieux, échangeant tout au plus quelques mono-syllabes sur les sautes de vent ou la direction des nuages, indifférents aux choses de la terre.

La mer ! voilà la préférée du marin ! Elle est faite pour lui comme il est fait pour elle. Elle lui a pris son père, son frère, beaucoup des siens sans doute, mais bah ! après tout, le cimetière du village, c'est bon pour les femmes : il y a si peu d'hommes enter-rés là !

S'il savait une chanson, ce serait celle que chantait *Brizeux*, un poète de sa race :

La mer ! j'aime la mer mugissante et houleuse,
Ou, comme en un bassin une liqueur huileuse,
La mer calme, et d'argent ! Sur ses flancs écumeux
Quel plaisir de descendre, et de bondir comme eux,
Ou, mollement bercé, retenant son haleine,
De céder comme une algue, au flux qui vous entraîne !
Alors on ne voit plus que l'onde et que les cieux,
Les nuages dorés passant silencieux,
Et les oiseaux de mer, tous allongeant la tête,
Et jetant un cri sourd, signe de la tempête.

Rude école du reste que celle de fouilleur de mer. Comme elle vous trempe son homme ! Chaque jour c'est la lutte pour la vie... Veille là-haut, mousse, à ce que ce vent fougueux qui gonfle la voile ne fasse chavirer le bateau... L'œil au grain, pilote, pour que nous ne donnions pas du nez sur le récif !... Toi, ma-telot, *souque* ferme sur la rame pour échapper aux grosses lames qui nous poursuivent !... Et toi pêcheur, attention ! n'oublie pas de jeter le filet, car on voit là-bas sur la plage des femmes et des enfants qui ont faim !

Y a-t-il rien de surprenant s'il professe une admiration plutôt médiocre à l'égard de *l'homme des terres* celui-là qui a toujours le pied sur le *plancher des vaches* ? A peine est-il sorti du berceau qu'il a commencé son apprentissage. Il a bien été témoin des larmes de sa mère, les jours de tempête, mais aussi à considérer comment la barque de son père se jouait victorieusement avec le flot, il s'est laissé griser. Il a écouté la voix de l'ensorceleuse et, aussitôt qu'il l'a pu, il est parti.

A force de regarder, tout petit, lutter ses semblables, le besoin de la lutte est devenu une nécessité pour lui : et, certes, elle est de chaque jour, cette lutte. Il suffit, pour s'en rendre compte de connaître tant soit peu le Rivage breton : de Saint-Malo à Saint-Nazaire, entouré de son cortège de récifs, de caps et de baies, il ressemble, ce rivage, à une scie aux dents pointues projetée à travers l'Océan. Battu nuit et jour par la vague furieuse, il rappelle sans cesse des souvenirs sinistres : Ici la côte abrupte du pays *Paganis*, au nord du Léon, où jadis les *Pilleurs de mer* allumaient des lanternes aux cornes de leurs vaches par les nuits de tempête, afin d'attirer les navires ; là, le sinistre passage de l'*Iroise* d'où l'on aperçoit *Ouessant*, et « *qui voit Ouessant voit son sang.* » Plus loin, la *Baie des Trépassés*, au fond de laquelle dort, submergée à cause de ses péchés, l'opulente ville d'*Ys*, la capitale du roi *Gradlon*, qui n'eut *jamais d'égale que Paris.* Puis, en descendant, l'*Enfer de Plogoff*, le *Raz de Sein*, d'où l'on perçoit des cris d'âmes en peine, la *pointe de Penmarc'h* où « le sable du rivage est formé des *ossements des trépassés*, la *Barre d'Etel*, le *Rocher de la Teignouse* sur lesquels on ne compte plus les carcasses de navires brisés par le choc des vagues.

Ah ! certes oui, le *marin breton* est à rude école et l'on conçoit que les actes d'héroïsme lui soient très familiers. Ce n'est pas lui qui boudera à la peine et qui restera au rivage réciter pieusement le *Suave mari magno* de l'égoïste *Lucrèce*, lorsque la barque de son semblable est exposée au danger, au milieu de la tempête.

A dire vrai, seule l'existence du soldat sur le champ de bataille doit être comparée à la sienne. Sait-il, le *soldat*, si la balle qui siffle est pour lui ou pour son voisin ? Sait-il, le *marin*, si la lame qui accourt houleuse ne l'emportera pas avec elle ? Il n'y a que Dieu qui le sache.

Dieu ! voilà bien, en effet, celui qui, auprès du marin, comme auprès du vrai soldat, tient la principale place. *Sa barque est si petite et la mer est si grande.*

Avec l'abîme qui bouillonne à ses pieds et le ciel qui resplendit sur sa tête, comment sa pensée n'irait-elle pas vers Celui qui, d'un seul mot, dompte les éléments ?

Le *marin* est naturellement croyant. Mais il l'est à sa façon. Sa théologie n'est pas compliquée : Quelques bonnes vérités, apprises de Monsieur le Recteur, quand il suivait les leçons du catéchisme ; quelques courtes prières que sa mère lui enseigna. Qui sait même si, dans sa pensée, il n'y a pas un saint personnage qu'il élève là-haut au-dessus du bon Dieu, *sainte Anne*, la patronne des Bretons ? Après tout, c'est la grand'mère, et dame ! comme le ciel est au petit-fils, il semble bien qu'elle doive passer la première. Aussi, en cas de danger, sainte Anne est-elle pour lui le suprême recours.

Une fois à terre, il considère comme une obligation d'aller la voir à son sanctuaire d'*Auray* ou de la *Palud*. C'est, d'ailleurs, une obligation commune à chaque Breton.

> A Sainte-Anne. à Sainte-Anne,
> Qui va prier à Sainte-Anne,
> Sainte Anne ne l'oublie pas.

(*Chanson du Pilote*, dans le *Barzaz Breiz*, de M. de la Villemarqué.) C'est elle la dispensatrice des grâces :

> Nous étions trois marins de Groix,
> Embarqués sur le *Saint-François*.
>
> Pauvre homme. 'l a tombé à la mer,
> Les autres étaient bien dans la peine...
>
> La maman qui s'en est allée
> Prier la grande sainte Anne d'Auray.
>
> Bonne Sainte, rendez-moi mon fils !
> La bonne sainte Anne, elle lui a dit,
>
> La bonne sainte Anne, elle lui a dit :
> Tu le r'trouveras en Paradis.

(Chanson des Matelots bretons. — P. LOTI. *Mon Frère Yves*)

Tel est le *marin* breton, homme d'action avant tout, si différent de ce bavard *Mocqueau* Provençal qui pour lui n'est guère qu'une caricature de matelot. Or c'est précisément sur le littoral de Bretagne que sont recrutés eu majorité les équipages français. Qui s'étonnerait dès lors du rôle illustre joué par notre marine et de l'admiration qu'elle suscite encore chez ses rivaux ?

Quand on parle de marins d'ailleurs, il faut faire justice d'une erreur à laquelle les profanes s'exposent facilement. Ils se figurent volontiers des hommes voués au même métier. Rien de plus inexact. Aussi bien que la terre, la mer compte en effet ses spécialités. Ici, sur la Manche, vous trouverez l'habitué de la *grande Pêche*, la Pêche de la *morue*, le *Cancalais* et le *Malouin* qui vont, chaque année, courir les chances sur le *Banc de Terre-Neuve*, le *Paimpolais*

et le *Binicois* qui se lancent au milieu des brouillards
d'*Islande*. Là, sur l'Océan, les *Pêcheurs de thon* de
l'île de *Groix* dont on rencontre les barques jusque
devant les écueils de la côte marocaine, les *Pêcheurs
de sardines* dont le domaine s'étend de *Douarnenez*
au *Portugal* et dont on aperçoit la flottille assemblée
au loin, par les jours où le poisson donne, comme
une forêt de mâts.

D'une façon ou d'une autre, chaque habitant du
littoral du reste est un peu pêcheur. A dix ans, l'enfant lui-même monte déjà à bord, en qualité de mousse,
et il n'y a pas jusqu'aux ouvriers des champs et aux
valets de charrue qui n'éprouvent la velléité de s'em-
barquer, quand la sardine est abondante, afin de gagner plus gros salaire.

Mais à côté du *pêcheur*, il y a celui que l'on désigne
plus spécialement sous le nom de *marin*, non plus le
marin de l'Etat qui, sous son habit flambant neuf,
a parfois l'air emprunté et qui d'ordinaire exerce son
métier, comme il ferait toute autre chose. Il s'agit du
professionnel, de celui qui, avec la *grande verte* a
contracté mariage indissoluble. Voilà bien le type de
l'aventurier, moins soucieux de *poser* en bel habit
que de se donner du mouvement. C'est généralement
dans les rangs des pêcheurs qu'il se recrute. Il est
rare qu'à 25 ans un pêcheur n'éprouve pas des vel-
léités de courir le monde.

Néanmoins il existe des points du littoral où la vo-
cation semble plus nettement marquée : à *St-Malo*,
à *St-Servan*, à *Lannion*, à *Morlaix*, à *Brest*, à *Lorient*, à *Quiberon*, dans les *îles du Morbihan*, à *Nantes*.
Voué au *long cours* ou au *cabotage*, mécanicien,
chauffeur ou gabier, sur les voiliers ou sur les vapeurs,
il faut la mer au marin et, s'il ne trouve pas à s'enga-
ger sur les bateaux français, volontiers il s'embar-
quera sur les navires étrangers.

C'est celui-là l'homme qui porte au loin la gloire du nom français : c'est lui le hardi compagnon sans cesse aux prises avec l'obstacle.

Sans doute le temps n'est plus où, suivant la chanson populaire :

> « Il était un petit navire,
> Qui n'avait jamais navigué ».

et sur lequel

> « Au bout de cinq à six semaines
> Le pain, le vin vinrent à manquer ».

Il n'y aura plus lieu de tirer

> « A la courte paille,
> Pour savoir qui serait mangé ».

Il n'en est pas moins certain que le *marin* demeure toujours exposé aux plus grands dangers. De là viennent son endurance, sa foi et son courage. De là aussi sa popularité. Pour peu qu'il sache réagir enfin contre le fléau moderne de l'Alcoolisme, contre l'affreux *guin ardant*, grâce auquel il s'empoisonne le sang à petites doses, il passera encore pour le plus robuste des Bretons, pour le Roi indiscuté de la mer, aux yeux du monde entier.

—

TROISIÈME PARTIE

LES MÉTIERS SECONDAIRES

Dans la Campagne bretonne

—

CHAPITRE PREMIER

Le Soldat

Au cours des chapitres précédents, il nous a été donné de produire les acteurs principaux qui jouent le drame humain sur la

scène aux cent actes divers
et dont le théâtre est

la *campagne bretonne*. Parlons maintenant de ceux qui tiennent le *rôle secondaire*. Ils sont nombreux, mais nous nous contenterons de choisir les physionomies les plus caractéristiques, suivant l'ordre d'importance. Nous étudierons tour à tour le *soldat*, le *tailleur*, l'*aubergiste*, le *sabotier*, le *chiffonnier* (Pillawér).

Par suite de la loi qui indistinctement aujourd'hui astreint chacun des citoyens de la terre française, le service militaire a créé, dans la société rurale, une nouvelle classe d'hommes d'autant plus importante qu'elle se recrute dans toutes les conditions. Naturellement personne n'est plus atteint que le paysan, car s'il y a une exemption pour quelqu'un, ce n'est pas pour son fils d'ordinaire.

Son fils n'est-il pas un gars solide, robuste et bien planté ? Sur lui on ne relèverait pas ces tares, stigmales du vice, qui trop souvent déshonorent le Conscrit des villes.

Le Breton d'ailleurs naît *Soldat*. Il est batailleur par tempérament. Les Annales de son pays le prouvent. Un souffle d'héroïsme y passe.

De *Morvan-Lez-Breiz* à *Cadoudal*, on le voit sans cesse chevauchant les chevauchées guerrières. Aussi bien dans sa chanson il y a je ne sais quoi d'épique. Un mot y revient sans cesse, tel un refrain aimé : *Argad!*(Bataille) cf. *Le tribut de Nominoë dans Bar zaz-Breiz).* C'est le mot qui le peint dans sa vigueur martiale et son rude courage.

Ce qu'on disait jadis de la Suisse : elle est la *caserne de l'Europe*, on pourrait le répéter avec plus de raison encore de la Bretagne :

Elle est le meilleur centre de recrutement de la France.

Au Moyen-Age, là où il y a un coup d'épée à donner, on rencontre les Bretons. Ils ferraillent tantôt pour le roi de France, boutant les Anglais hors du Royaume, tantôt pour le Pape. Les historiens nous racontent comment ils battirent, en ce temps-là, les Allemands en combat singulier, à dix contre dix, sur la place du Corso, à Rome, et quelle terreur ils inspiraient aux Italiens : *A terrore Britonum, libera nos, Domine!* (de la crainte des Bretons, délivrez-nous, Seigneur!) répétaient communément ceux-ci dans leurs prières.

Durant les guerres d'Italie, les *Bandes bretonnes* sont les meilleurs soutiens de l'armée française et pendant les luttes maritimes contre les Anglais, aux XVIIe et XVIIIe siècles, on ne rencontre pas plus terribles *Corsaires* que les Bretons.

A l'époque actuelle, le *soldat breton* est loin d'avoir dégénéré. C'est un homme peu sympathique à la Bretagne. *M. Clémenceau*, qui en témoigne : « Quand il

s'agira d'emporter une position en plein jour, lui disait un amiral, envoyez-y n'importe quel régiment
français. Tous les soldats feront vaillamment leur devoir. Mais s'il s'agit d'enlever une forteresse la nuit,
envoyez-y seulement les Bretons ! ».

Toutefois, pour soldat qu'il est, le Breton l'est à
sa façon. Il n'aime guère à s'éloigner de la terre
natale et il déteste la contrainte. L'idée de la *Cons-
cription obligatoire* lui a répugné longtemps.

On composerait un livre d'un palpitant intérêt avec
l'histoire de nos *Réfractaires*, depuis les guerres de
la Révolution jusqu'à la fin du règne de Louis-
Philippe.

Au moment de la *Levée de 300.000 hommes*, lorsque la Convention décrète l'envoi du contingent à la
frontière, le toscin retentit de toutes parts, et les
jeunes gens, au lieu de tirer au sort, se soulèvent en
masse contre la République. Du 10 Mars au 20 Mars
1793 la Bretagne entière est insurgée. L'idée d'une grande Patrie qu'il faut défendre, quelque indignes qu'en
soient les gouvernements, voilà ce que les Bretons
d'alors ne comprenaient pas. Ce qu'ils comprenaient
bien en revanche c'était l'idée de la petite Patrie
locale, de la *Paroisse*, et celle-là, ils la voyaient
malheureuse, ils voyaient leur chef naturel, *le Recteur*,
traîné à la Guillotine par des malfaiteurs venus de
Paris. Or ils n'entendaient pas tolérer pareille abo-
mination. Pendant toute la durée de la Révolution,
plus de la moitié des recrues de Bretagne refusent
de rejoindre leurs corps.

Plus tard encore, en 1809, il y a 50.000 Réfractaires qui courent les forêts de la France et sur ce
nombre on compte bien 30.000 Bretons. Napoléon Ier
n'est-il pas un usurpateur ? Peut-on servir un voleur
de couronne ?

Rien de plus démonstratif à ce sujet parfois que

les Registres des Municipalités. Choisissons un exemple entre mille : Voici *Pluvigner*, une paroisse située en plein cœur du pays Chouan, dans le Morbihan. En 1834, sur 58 conscrits, il y a 25 déserteurs ; en 1835, 30 sur 61 : en 1836, 25 sur 46 : en 1837, 24 sur 53 : en 1847 on en trouve encore 16 sur 43 et 7 sur 43 en 1848. Mais aussi Louis-Philippe comme Napoléon, n'est pas le souverain légitime, et la chanson populaire s'exprime sur son compte avec une énergie indignée :

> « Louis Philippe, roi Citoyen.
> Ton trône est volé à coups de pierre ;
> Il est bâti dans la boue ;
> Il croûlera à la première fente.
> Parisiens, Ah ! prenez garde !
> Votre coq sera sûrement attrapé,
> Le pays est plein de renards. »

> (*Louis Philip, roué citoyén,*
> *Te dron lèret a dauleu mén*
> *E zo saüet ar er vouillen,*
> *Ha pe doulo, é Kouèho aben.*
> *Parisianed, Ah ! diouallet !*
> *Hou Kok sür e vo attrapet,*
> *Karget e'r vro a luharned).*

Aujourd'hui les idées ont fait leur chemin, et, jusque dans le dernier des hameaux, on ne compte que des gens disposés à se soumettre à la loi. Partout on rencontre les soldats Bretons aux postes d'honneur et dans les corps les plus exposés : à Paris, dans les *Divisions de fer* de l'Est, dans les détachements qui bataillent aux Colonies.

Certes, ce n'est pas la pensée du danger ou les fatigues du métier qui feraient reculer le Breton. A part lui, il ne comprend guère les jérémiades de ses camarades, les beaux citadins et les vaniteux Intellectuels, sur les duretés du métier.

On lui répète : le café est détestable ! — C'est possible, pense-t-il, mais ça vaut assurément le déjeuner au lait aigre agrémenté de crêpes de sarrazin et de pain de seigle qu'on lui servait à la ferme. La gamelle n'est pas appétissante. — Possible encore, mais il la mange plus volontiers cependant que la bouillie de blé noir ou d'avoine. Il paraît que les exercices et les marches incessantes, sac au dos, sont vraiment pénibles. — Que dire alors des journées de dix heures passées à labourer des champs de cailloux, sous la neige et la pluie, à faucher l'herbe des prés sous les ardeurs de juillet ?

Aussi est-il rare qu'il se plaigne. A peine un mot d'amertume de temps en temps :

> « Le Caporal, le Sergent boivent le vin, la bière
> Et le pauvre soldat l'eau des écuries. »

> (*Er Haporal, er Sergeant e iv er guin, er biér*
> *Hag er peurkéh soudard en deur ag er hreüiér*).

Il en résulte qu'il reste longtemps un incompris parmi ses camarades. Promptement il devient le point de mire de la Chambrée. Il est timide, n'étant jamais sorti du village ; donc à lui les grosses corvées. On lui parle français et il ne répond pas; donc il ne peut être intelligent, et les aimables polissonneries pleuvent sur lui de la bouche de sous-officiers qui ont la persuasion que l'argot de Montmartre ou *l'assent* de la Garonne sont la marque suprême des esprits cultivés. Mais qu'on lui donne le loisir de se débrouiller, qu'on le confie surtout à des sous-officiers qui connaissent sa langue et on le verra bientôt paraître avec ses qualités natives. Il n'y aura pas de soldat mieux discipliné, plus docile, plus résistant. En quelques mois, le paysan qui arrivait en gros sabots, en pantalon de toile, en petite blouse, en chapeau rond, est le modèle du Régiment.

L'amour du plaisir ne le tourmente pas. L'exercice terminé, il revient à la chambrée, peu soucieux des séductions de la ville. Fourbir ses armes, faire la partie avec quelques camarades, fredonner un refrain du pays et surtout rêver à ceux de là-bas, voilà ses distractions favorites.

Ah ! ce bon temps de la première jeunesse, comme il aime à le revivre en pensée, parmi les agitations de la Caserne ! combien volontiers son imagination va les retrouver, les êtres chéris ! le vieux père dont les épaules commencent à se voûter, la bonne mère aux cheveux d'argent, les petits frères au cœur aimant, Louison la belle fille dont il voudrait faire la compagne de son foyer, *Bleu*, son cheval, son infatigable auxiliaire, *Fridu*, son chien fidèle, qui l'aidait à braconner la nuit, au clair de lune.

Comment a-t-il été contraint de quitter tout cela : les gais *Pardons* d'où l'on revenait en chantant, les *Foires* où l'on trinquait entre amis, du cidre mousseux plein les chopines, les *Fêtes* de village où l'on dansait sur la place, aux accords du Biniou et de la Bombarde ?

Un matin le Gendarme est apparu, un pli cacheté dans les mains : c'était l'ordre de tirer au sort. Il a fallu obéir sans retard. Les jeunes gens de la région se sont rassemblés ; ils sont allés bras dessus bras dessous jusqu'au canton, un air de marche aux lèvres; ils y ont quelque peu bataillé, devant la mairie, entre conscrits de Paroisses rivales ; ils y ont échangé des rubans, puis chacun a pris ses dispositions pour partir.

Ce jour du *départ de la classe* ! que de tristesses échangées !

> « Il aurait le cœur dur celui qui ne pleurerait,
> En voyant s'en aller les jeunes gens,
> En voyant la terre toute humide
> Des larmes des pauvres gars. »

(Kri a galon più ne ouilo
Guelet pautred e bartio,
Guelet er paüér ol leuet
Get en dareu er gèh bautred)?

Ainsi s'exprime un chanteur populaire, et une autre complainte, celle des *Conscrits de Ploumilliau*, revient d'elle-même à la mémoire :

« Si j'avais un esprit pour comprendre, comme j'en ai
[fantaisie,
Je m'en servirais pour composer
Une chanson pleine de tristesse sur les jeunes Conscrits
Qui ont tiré leur billet durant la présente année. »

(M'am bijé spere l da gompren, evel meuz fantazi,
Mé Gonscrivet a vije n'euz impliet da zonet da gompozi
Eur c'himiad leun a c'hlué har, gret ar yaouank
O deuz tennet ar Billet ebaz ar bloavez prézant).

Quoiqu'en dise un écrivain du pays, *M. Le Goffic*, ce n'est pas tant l'accord d'un biniou mystérieux qui retentit sans cesse au cœur de l'Exilé Breton que le son de la Cloche de son village. Après son père, sa mère, ses frères, elle est l'aimée entre tous : — elle chanta au jour où par le Baptême il entra dans la vie chrétienne ; avec lui elle se réjouit quand il fut admis à la première communion ; elle chantera encore, si Dieu lui prête vie, à l'heure de ses épousailles. En attendant, elle demeure pour lui au loin la voix de la petite patrie absente. Dans ses nuits d'insomnie et de garde, comme dans ses moments de découragement, elle sonne mystérieusement à son oreille : Courage, lui répète-t-elle.

« Pauvre enfant du village,
On pense, on pense à toi là-bas ! »

Braves *soldats* de la Bretagne, si populaires, si fêtés dans nos campagnes, soyez au Régiment des vaillants parmi les vaillants, les *premiers soldats de la France* ! fermez l'oreille aux appels de l'indiscipline et quand la voix de la *Grande Patrie* réclamera du secours, que votre cri de guerre soit celui des ancêtres : *Araok, pautred* ! (En avant, les gars ! »

CHAPITRE II

Le Tailleur

En classant le *tailleur* au rang des acteurs secondaires dans la société campagnarde, nous entendons désigner la condition et non le personnage : car si la condition est d'importance minime, le personnage en revanche joue un des rôles les plus marquants.

Sous la tiède haleine du troupeau, en hiver, à l'écurie, durant que la bise glacée secoue avec violence les volets de la ferme ; sur le vert gazon du courtil en été, à l'ombre des arbres touffus, le *tailleur* est un heureux. Tandis que les hommes sont aux champs et peinent sur la dure, il est là accroupi, à la façon d'un sybarite oriental, contant fleurette aux belles filles. La pipe entre les dents, un brûle-gueule grand comme un dé à coudre, où, de temps à autre, il renouvelle avec parcimonie la provision de *tabac-carotte*, on le voit tirant l'aiguille avec l'allure d'un rentier qui a des revenus devant lui.

Il n'est pas philosophe plus stoïque. Il ne s'inquiète pas, lui, du temps qu'il fait. Il n'a pas son blé exposé à la grêle, et tant qu'il y aura par les campagnes des filles coquettes et des jeunes gens désireux de succès, il trouvera du travail, car ils auront besoin de son coup d'aiguille pour broder les riches habits. Que lui importent les potins de village ? N'est-ce pas lui qui en est le lanceur attitré ?

Il est la gazette vivante, le colporteur de nouvelles. Pendant que l'aiguille va son train, sa langue coupe et recoupe à travers les réputations. Malheur à qui tombe sous le tranchet ! Assis, les jambes croisées, sur son coussinet ou sur sa botte de paille, il juge en dernier ressort et sans appel. Mathurine passe-t-elle pour aimer qu'on la courtise ? Job est-il regardé comme chérissant la dive bouteille? cherchez le *tailleur*.

Certes, le *laboureur* est bien le roi des campagnes, roi courageux et fort, roi aux mains calleuses, qui ne boude pas devant la noble tâche. Mais le *tailleur* exerce lui aussi la royauté à sa façon : roi *Triboulet* et qui n'aspire pas au rôle de St-Louis. Nul n'est plus craint, nul n'est plus complimenté, mais aussi nul n'est plus ridiculisé.

Autour de lui, il y a toujours cercle d'auditeurs : ses compagnons d'abord, deux ou trois garçonnets ou fillettes, apprentis tailleurs, qui l'écoutent parler comme on écouterait l'Evangile, puis les enfants du village et les femmes que les travaux de l'intérieur retiennent à la ferme.

Il n'existe pas de conteur plus merveilleux, de plus habile bâtisseur de chansons. La moindre anecdote lui sert de thème, et ses héros, ses déplacements journaliers d'un village à l'autre lui permettent de les trouver par dizaines, jeunes soupirants qui viennent le soir attacher la branche *de mai* à la fenêtre de leurs belles, buveurs attardés des jours de pardon, maris à la poigne trop rude, femmes à la langue trop pointue. La plupart des sônes nouveaux qui sans cesse naissent dans les recoins perdus des campagnes et s'élèvent ensuite dans les airs, tels des oiseaux volages, c'est lui qui en est le père.

On reconnait son inspiration à la forme satirique, forme dans laquelle il se complait. Du haut en bas de l'échelle villageoise, personne n'échappe à son coup de langue. Aussi tout en admirant sa faconde, chacun se garde de lui. Il est bien admis dans la société paysanne, mais on le tient un peu en marge. Avec ses mains blanches comme celles d'un notaire, où l'aiguille laisse à peine quelques marques, il ne saurait être d'ailleurs considéré comme un égal par les rudes travailleurs qu'il coudoie. Comédien, amuseur public, chanteur, voire poète, passe encore.

Quant à prétendre disputer le prix de la force, porter la bannière du Saint, le jour du Pardon, conduire la danse, le jour du tirage au sort, en concurrence avec le fils du Laboureur, on ne le lui permettrait pas. Le tailleur, mais ce n'est pas un homme : il en faut *sept ici, neuf là*, — suivant les pays — pour faire un homme. C'est un *tailleur* et pas autre chose. Les chansonniers ne lui font même pas l'honneur de l'admettre à prendre l'eau bénite dans le bénitier. Chacun pouvant être sa victime, chacun cherche à se venger de lui. Arrive-t-il quelque mauvaise histoire au pays? C'est à lui qu'en revient la faute. On n'est pas loin de supposer qu'il cousine quelque peu avec l'*Esprit malin*.

On voit, dit-on, chaque soir, le *Loup garou* rôdant le long de tel chemin creux : or c'est justement à l'heure où le *tailleur* y passe. Avec le coucher du soleil aussi, on remarque les allées et venues d'un *gros chat noir* qui pénètre dans telle maison du bourg. Or cette maison, c'est celle du *tailleur*, et personne n'ignore que ce chat noir est le *diable* lui-même qui, sous cette forme, lui apporte des trésors. La fermière d'un village, s'aperçoit que ses vaches, de plantureuses qu'elles étaient, deviennent maigres et ne donnent plus de beurre. Le tailleur voisin au contraire, qui n'en a qu'une, a du beurre, plein sa baratte. Nul doute qu'il n'escamote le beurre de la fermière et qu'il n'ait jeté un sort à ses bêtes, après avoir été, par le clair de lune, cueillir le trèfle à quatre feuilles dans le champ à trois cornes.

En résumé, on croit le tailleur capable de tout et sa malignité naturelle semble devoir justifier l'opinion qu'on a de lui. A la *boule*, sur la place, après vêpres le dimanche, aux *quilles* le jour du Pardon, comme jadis à la *Soule*, lorsque ce noble jeu passionnait les campagnards, inutile de lui demander la loyauté. Il a toujours mille petites ruses pour gagner la partie.

C'est que, quoiqu'il pose pour le personnage fier, se plaisant aux franches lippées, ses gains ordinaires sont médiocres : Quinze ou vingt sous par jour, plus la nourriture, lorsqu'il est déjà ouvrier accompli, cinq sous seulement parfois, lorsqu'il n'est qu'un apprenti.

A ce compte, on conçoit qu'il recherche les petits profits. De là vient également que, dans certaines circonstances, il laisse volontiers de côté l'aiguille, pour prendre en main les outils du laboureur.

A l'époque des moissons, une ardeur nouvelle s'allume dans son âme.

Contre son habitude, il est debout avec le premier chant du coq. En blouse de travail et la faucille à la main, vous le voyez se diriger vers le bourg, tandis que de toutes parts ouvriers agricoles et fermiers accourent aussi, ceux-ci désireux de disposer de nombreux bras, afin d'abattre la récolte au plus vite, ceux-là, attirés par la perspective de salaires d'autant plus élevés que la besogne est plus dure. La réunion se tient sur la place. Là se font les embauchages, au soleil levant. On trouve au tailleur les mains un peu trop blanches pour le genre de besogne qu'on lui demande, les jambes un peu trop cagneuses et trop tordues pour se courber sur le sillon, mais bah ! le temps presse et les orages menacent ; on l'embauche avec les autres et le voilà au champ, pour la journée, un peu lent sans doute à l'ouvrage, mais allant néanmoins son petit train.

Philosophiquement il laisse dire les plaisants ; puis quand, sur les neuf heures, les ouvriers vont allumer la pipée à l'ombre des chênes ; quand sur les quatre heures, la fermière apporte le goûter de lait aigre et de crêpe fraîche, il reconquiert sa supériorité et savoure une bonne revanche ; sa

terrible langue a vite achevé d'accommoder au ridi-
cule chacun de ses ennemis.

Il est une autre circonstance où il témoigne encore
mieux de son savoir faire : c'est au moment du
Départ pour la Mer. Cette expression toute locale
désigne dans la vie de nos travailleurs campagnards,
un événement de grande importance. Chacun connaît en effet la différence de température qui règne
dans la péninsule, entre le *Largoët* ou région de
l'intérieur et *L'Arvor* ou région du littoral. Les tiges
de blé sont encore vertes dans le Largoët, alors que,
dans l'Arvor, les épis jaunis menacent de répandre
leurs grains sur le sillon. Il y a plus de quinze jours
d'intervalle entre les époques de maturité de l'une à
l'autre zone. Les ouvriers de l'intérieur en profitent.

Formés en bandes de 15 à 20 individus, ils s'en
vont, vers la Saint-Jean, voyageant jour et nuit,
pénétrant jusque dans les îles du littoral. On y compte
des hommes, des femmes, gais compagnons, mar-
chant bon train, la chanson sur les lèvres. A leur tête
se place naturellement le *tailleur*. Eux, ils ne savent
guère de quel côté ils se dirigent ; beaucoup n'ont
jamais quitté leur village ; lui au contraire n'ignore
rien ; il dirige le chant et conduit sa bande par les
chemins nouveaux, comme s'il y avait voyagé sa vie
entière. Ces quinze jours passés au loin sont quinze
jours de vraie royauté. Dans les discussions entre les
siens et les gens du pays, on en réfère à lui : il est l'ar-
bitre. Il est aussi l'avocat, chaque fois que ses compagnons ont besoin d'un coup de langue pour défendre
leurs intérêts ; c'est sous ses auspices que se nouent
les intrigues amoureuses qui amèneront des mariages,
au commencement de l'hiver prochain.

Tel est le *Tailleur*. Personnage important, s'il en
fut, mais personnage discuté. Nul n'est à l'abri de sa
satire, nul ne le ménage, quand il n'y a pas de risque

à l'attaquer. Contre tout le monde il est prêt à bâtir une chanson. Tout le monde se retourne contre lui et le chante à son tour, à la première occasion. Personne ne se prive de lui appliquer l'arme de l'ironie qu'il s'entend si bien à utiliser contre le prochain. En somme il est l'acteur qui joue le rôle comique dans le drame de la vie des champs. Ce rôle, il s'en tire à merveille. Il comporte des inconvénients, il entraîne aussi des avantages : en tout cas, jamais tailleur, de mémoire de villageois, ne se plaignit de son sort. Sa puissance durera aussi longtemps que aiguille continuera d'aller.

CHAPITRE III

L'Aubergiste

Si le tailleur est un homme influent et s'entend à
merveille à diriger l'opinion, grâce à sa langue à la
fois abondante et habile, il a vis-à-vis de lui un rival
qui ne paraît guère disposé à lui céder le droit de
régenter les gens.

J'entends parler de l'*aubergiste*.

Tandis que le tailleur est obligé de courir la campagne, pour colporter sa gazette et donner ses coups
d'aiguille, l'aubergiste, tel un bourgeois cossu, trône
derrière son comptoir et attend que la clientèle altérée
accoure rendre hommage à son cidre et écouter ses
doctes avis.

Entre le vulgaire mastroquet des villes et l'*aubergiste* de la campagne bretonne, la différence n'est
guère sensible. La fonction fait de lui un entrepre-
neur de la misère publique, un personnage officiel-
lement investi du droit d'empoisonner ses semblables,
un homme qui bat monnaie avec le produit du labeur
d'autrui. Comme elles le touchent peu lui aussi, les
intempéries qui nuisent à la moisson du paysan !
Empêchent-elles celui-ci de boire à son officine ? Si
les gelées tardives brûlent la fleur des pommiers, sa
cave n'en reste pas moins pleine ; les alcools frelatés
y remplaceront le cidre ; il grisera davantage ses
clients et sa bourse y trouvera le compte.

Propre à rien et bon à tout, telle est l'idée que l'on
se fait de lui. Le métier recrute ses figurants où il
peut, à tous les degrés de la société campagnarde.
Commerçants qui voient péricliter leurs affaires, ouvriers qui jugent l'outil trop lourd, laboureurs qui en
ont assez de lutter contre la glèbe, fils de famille qui
professent pour le travail une horreur instinctive,

prodigues qui ont gaspillé leurs deniers, buveurs qui rêvent d'écouler leurs jours, accoudés sur une barrique, voilà les candidats voués d'avance à la profession.

La profession d'ailleurs explique le caractère de l'homme. L'abord avenant, grand causeur devant l'Eternel, digne rival du tailleur, en cela, l'*aubergiste* a pour principe de tenir toujours table ouverte. Nul n'est plus hospitalier.

Le voyageur qui chemine sous les ardeurs du soleil, le marchand qui règle ses comptes, les galants qui veulent échanger de doux propos sont assurés auprès de lui d'un accueil complaisant..., moyennant finances.

Dans leurs conversations, il va de son mot ; dans leurs affaires, d'un conseil. Volontiers il résoudra les difficultés, pourvu qu'on le régale. Chez lui, pleine licence d'agir à sa guise, de boire jusqu'à épuisement des forces, de chanter à tue-tête les ritournelles des corps de garde, voire même de se distribuer des coups de poing entre ivrognes.

A côté de la touffe de gui indicatrice qui pend à sa porte, il graverait, sans hésiter, la devise Rabelaisienne de l'abbaye de Thélème : *Fais ce que veux.* Que lui importe que l'on se dispute, que l'on s'injurie, que l'on se batte, si l'on paie ?

Il ne commence à ouvrir l'œil que du moment où ses chopines et ses verres se mettent à danser sur la table, au milieu de l'ardeur de la lutte ; et s'il prend fantaisie aux combattants avinés de s'en servir en guise de projectiles, oh ! alors, gare à ses poings ! L'*aubergiste* devient féroce, quand il faut défendre son bien.

Ce n'est pourtant pas que son mobilier vaille grand'chose. Des planches raboteuses, crasseuses, mal jointes, posées sur des supports boiteux, voilà la table. Autour, des escabeaux grossiers, des chaises mal

rempaillées, voilà les sièges. La salle est à l'avenant.
Une cheminée, large comme un portail d'église, avec
des jambons et des saucissons dansant la gigue contre
almuraille, parmi la suie et la fumée ; des étagères le
long desquelles s'alignent les pichets de faïence, des
bahuts où s'empilent les bouteilles vides, des lits clos
où ne pénètre l'air que par d'étroites meurtrières
festonnées de toiles d'araignée : une horloge qui, avec
son tic-tac monotone, dans sa boîte de châtaignier,
semble une âme en peine enfermée dans un cercueil ;
de ci de là, des imageries d'Epinal qui célèbrent les
exploits des héros de la légende de Bacchus, à côté
du portrait du Président de la République, de gravu-
res de modes, et aussi de la *loi Grammont* dont l'affiche est là, à dessein, dirait-on, pour constater les
nombreuses violations qu'elle reçoit chaque jour.

Ce mobilier, à coup sûr, ne dénote pas l'aisance.
C'est que, malgré son amour du lucre et l'habileté avec
laquelle il sait soutirer l'argent de la poche d'autrui,
l'*aubergiste* est, le premier, victime de la passion à
laquelle il s'entend si bien à faire sacrifier les malheureux. Il boit lui-même plus que de raison et le
plus clair de son revenu y passe. Quand parfois, au
fond de sa cave, avec un art habile, à grand renfort de
litres d'eau, il *baptise* ses barriques, c'est pour ses
clients qu'il travaille. A lui le meilleur bouquet du
vin, du Cognac et du cidre mousseux.

Sa maison en somme est la contre partie de l'Eglise.
Pendant que, du haut de la chaire, Monsieur le Recteur prêche la modération dans les désirs, l'aubergiste à son comptoir chante l'hymne de la ripaille :
*Amis, réjouissons-nous ; amis, buvons toujours. Après
nous le déluge, et au diable les fâcheux!*

Même au milieu de l'office du dimanche, il a toujours un coin de sa porte entrebâillée. Par là se glis-
sent à la sourdine les mauvaises têtes et les francs

lurons qui jugent que le célébrant y met trop de lenteur à sa messe.

Le beau temps pour l'*aubergiste* que les jours d'Election ! Alors il devient l'oracle du village. Peu lui chaut au fond que le Roi ou la Ligue triomphe, pourvu que sa boisson se vende. Sa maison est également ouverte aux *Blancs* et aux *Rouges ;* Libre à eux de la transformer en champ-clos, pour vider leurs querelles. Plus ils s'échauffent et plus ils boivent.

Toutefois, malheur au candidat qui régale ses électeurs avec parcimonie ! Gare au Régime qui menacerait son omnipotence, en réglementant les débits ! Ils n'ont pas de plus farouche ennemi que lui. C'est dire qu'ils se vouent à l'insuccès, car le chemin qui mène à l'urne, c'est toujours l'auberge ; et le guide, c'est l'*aubergiste*.

Aussi bien que les Elections, les Pardons sont également des occasions de larges profits. Dès les premières vêpres, la veille au soir, on les voit accourir, les *aubergistes*, juchés sur leurs barriques, au pas lourd de leurs attelages, tandis que de tous les sentiers débouchent marchands de fil et grilleurs de sardines, fruitiers et vendeurs de sucre d'orge. La tente est vite debout, abritant les planches basses qui servent de tables, abritant aussi les buveurs obstinés qui, dans un instant, quand défilera la procession, s'y dissimuleront derrière le comptoir, l'esprit à tout autre chose qu'à célébrer les gloires du Saint.

Durant la journée entière, il est là l'*aubergiste*, trônant parmi les futailles et les chopines, tel un roi Gambrinus, lampant sa goutte avec mesure et surveillant les mouvements de ses employés. Puis le soir, lorsque, dans la nuit noire, se sont éteintes les dernières chansons des gais compagnons de la fête, lorsque sur le chariot rustique ont été chargées la tente et les barriques vides, on le voit s'en aller à son tour, quittant la place à regret. La tête est un peu troublée et la démarche chancelante, mais dans la bourse il y a de si beaux louis d'or et des pièces blanches si reluisantes !

Oui vraiment le métier d'*aubergiste* est agréable. Il est d'ailleurs si facile d'y entrer ! Avoir de l'estomac, du temps de reste, le désir de jouer un rôle dans la communauté rurale, faire une déclaration d'ouverture, et cela suffit.

On s'explique dès lors de quelle façon surprenante se multiplient les auberges en Bretagne. A peine une route nouvelle est-elle tracée, qu'au premier carrefour vous en rencontrez une. Pas un gros village sans que vous n'aperceviez, à l'entrée, le bouchon indicateur, et pas un bourg de quelque importance, sans que vous n'y comptiez trente ou quarante enseignes.

Voilà où va se perdre le plus clair du revenu du laboureur ; voilà l'homme qui, avec le produit du travail des paysans, trouve moyen d'aller, suivant une chanson populaire, en beaux souliers et de coucher sur le duvet, tandis que sa victime est réduite à marcher nu-pieds et à dormir le long des haies. Toujours à l'affût de la bourse des gens, spéculant sur leurs passions, l'*aubergiste* est un habile artisan de ruine. Il n'en demeure pas moins un personnage considéré, un oracle vivant, un directeur incontesté de l'opinion. Assurément il n'est au monde d'homme qui ait lieu d'être plus satisfait de son sort.

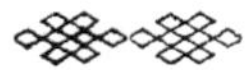

CHAPITRE IV

Le Sabotier

Dans les fraîches matinées du printemps, lorsque,
par les rentiers de Bretagne, on s'en va voir fleurir
les muguets et écouter la chanson des bois, il n'est
pas rare d'entendre, au détour de la clairière, en
pleine solitude, une voix d'homme qui semble vous
appeler, en redisant un joyeux refrain.

Le *Sabotier* est là tout près. Suivez le conseil du
poète :

> « Passez par là ;
> De loin sa scie vous guidera,
> Sa scie, sa hache et son paroir
> Qui font bravement leur devoir. »

Blottie sous le gazon, parmi la feuillée, à côté d'une
source dont les eaux transparentes brillent comme
un miroir, vous apercevez sa pauvre hutte. Rien de
la demeure d'un gros fermier. C'est plutôt la cabane
d'un Noir d'Afrique.

Fichée dans le sol par des poteaux, avec sa forme
arrondie, son toit pointu, ses murs de branchages, de
genêts verts et de mottes, ses trois ouvertures servant
de porte d'entrée, de fenêtre et de cheminée, elle
éveille de prime abord l'idée d'une ruche d'abeilles.

Aussi bien l'intérieur est à l'avenant. La chanson
populaire a pris soin de nous la décrire :

> « La fumée noircit les parois
> De sa cabane au fond des bois,
> Et elle est toute tapissée
> Par les cheveux des araignées. »

Le foyer est au milieu : quelques blocs de pierre
entre lesquels on accroche la marmite ; autour des
murs, la huche à pain, l'armoire, héritage des ancêtres, le lit de planches mal rabotées.

On serait tenté de croire que la tristesse, compagne de la misère, est une habituée de ce séjour. Hé bien non ! Il n'est pas de plus gai compagnon que le *Sabotier*. Il n'est pas non plus de figures plus caractéristiques parmi cette galerie de portraits que nous consacrons aux *hommes de métiers* en Bretagne. Il n'y a pas de personnage qui ait alimenté davantage la verve des chansonniers du pays.

Une des chansons dont il a fourni le sujet a été recueillie à Guéméné sur Scorff par *M. Loth*, doyen de la Faculté de lettres de Rennes, et a eu l'avantage d'être traduite en vers français par *M. Coppée* :

> « Écoutez, amis, écoutez,
> Un sône tout frais composé.
> C'est un sabotier qui l'a fait
> Et qui loge dans la forêt. »

Elle décrit à merveille l'existence d'un homme que le sort a condamné à vivre de la vie solitaire, au fond des bois, au milieu de la Nature et parmi les animaux sauvages, d'un homme qui, à plusieurs reprises, eut son heure de célébrité en Bretagne.

Séduit par ce qu'il y a d'original en lui, notre grand écrivain Breton, *Paul Féval*, dans nombre de romans, dans *Jean Loup*, dans *Valentine de Rohan*, l'a adopté comme héros préféré et maintes fois l'a produit en des circonstances tragiques. L'une de ses scènes les plus émouvantes est précisément celle où il représente les *Sabotiers* des forêts de la Vilaine soulevés à cause des Édits bursaux *du Régent*, le duc d'Orléans, et envahissant soudain la ville de Rennes, un beau soir, au milieu d'un bal de la Noblesse. On conçoit d'ailleurs cette prédilection du romancier, étant donné l'étrangeté même de l'existence des *Sabotiers*.

Associés entre eux, à la façon des membres d'une vaste tribu que les liens du sang apparentent, mais que les nécessités de la condition obligent à se dis-

perser, afin de pourvoir à leur subsistance, ils sont
en quelque sorte les Bohémiens de la campagne
bretonne. Rarement ils résident dans la paroisse où
ils sont nés ; plus rarement encore y contractent-ils
alliance. D'ordinaire c'est entre eux qu'ils se marient,
car les filles de Laboureurs qui consentent à échanger
les gaietés de la ferme pour entrer dans une société
aussi étrange, sont des plus clairsemées. Il y aurait
trop de désenchantement pour elles, une fois éva-
nouies les illusions du début.

On pourrait discuter longtemps sur l'origine des
Sabotiers. Inutile de la chercher au loin. Aussi bien
que le Laboureur, le Marin ou le Tailleur, ils sont les
vrais fils de la terre Bretonne. Cela est incontestable.

L'antique forêt de *Brocéliande* qui couvrit jadis
tout le centre de la Péninsule et dont on retrouve
les restes au centre du pays, à travers le *Largoët*,
dans les forêts de *Paimpont*, de *Rennes*, de *Loudéac*,
de *Lorges* et de *Camors*, tel dut être sans doute le
berceau de la tribu. Au fur et à mesure que, sous la
hache, tombèrent les grands chênes qui protégèrent
les amours de *Merlin* l'enchanteur et de la fée
Viviane, la tribu se dispersa. Depuis ce temps, elle
est en route, en émigration incessante.

Un matin on entend du village le bruit des instru-
ments tranchants frappant à coups redoublés les
hêtres majestueux dans le bois voisin. Le *Sabotier*
est arrivé. Pour lui, sa tâche consiste à abattre les
arbres et à les scier en tronçons. A sa femme et à ses
enfants à creuser les sabots et à les faire sécher, gros
sabots à large couvercle pour les travaux des champs,
sabots à bride mince, élégants et finement ouvragés,
pour les belles héritières à marier.

Et il en est ainsi pendant des semaines entières ;
tout le monde travaille à côté de la chaumière : pendant des semaines entières, aux jours de marché, les

sabots s'amoncellent sur la place du bourg et la clientèle des bergers, des valets de charrue, des filles de ferme se presse tout autour, les yeux avides, jusqu'au moment où, le dernier des grands hêtres étant tombé sous sa hache, le *Sabotier* ramasse ses outils, son pauvre mobilier et ses chansons et se dirige vers une autre forêt, jusqu'au moment enfin, où, auprès de la cabane abandonnée, la douce violette recommence à fleurir librement, où l'on n'entend plus que le clapotis du ruisseau qui bat les cailloux blancs, le murmure du vent qui courbe la cime des pins, le refrain du rossignol qui, dans le buisson touffu, célèbre avec ravissement le printemps, l'amour et la paix de la solitude retrouvée.

CHAPITRE V

Le Chiffonnier

Sur les chemins déserts de Bretagne, il arrive parfois que l'on rencontre un personnage d'aspect singulier, dont la vue inspire la terreur aux enfants et d'instinctives appréhensions aux personnes d'un âge mûr. C'est le *chiffonnier* (*Pillawer* en Cornouaille, *Pillotour* en pays de Vannes). Quelque soit le temps qu'il fait, il est toujours par monts et par vaux, lorsque la lande s'étend monotone et triste, balayée par les rafales d'hiver ou lorsque, dans le ciel de juillet, le soleil brille en flammé, par dessus les champs de blé jaunissant.

Son accoutrement est celui de *Job misère*. Rien des broderies variées, des riches velours qui décorent l'habit du campagnard. Il n'est pas davantage vêtu en citadin. Son chapeau sans forme, Dieu sait d'où il vient ; ses chaussures éculées, Dieu sait à quelle époque de l'histoire elles ont été fabriquées. Son pantalon pendu par des ficelles, son gilet dégarni de boutons et maintenu à la diable, son veston percé comme une écumoire, tout cela semble crier merci, incapable de lutter contre les rigueurs des intempéries ; tout cela néanmoins devra durer aussi longtemps que le pauvre hère.

En le regardant cheminer, à pas lents, côte à côte avec le cheval maigre et osseux qui emporte les dépouilles opines des fermes, dans des sacs de grosse toile assujettis sur les flancs, on se prend à penser à quelque *juif errant*. L'imagination bretonne plus crédule y verrait volontiers un frère de ce terrible *Ankou, pourvoyeur de la Mort*, que l'on rencontre dans les nuits sombres, emportant sur sa charrette grinçante, attelée d'un squelette, les vies humaines que sa faulx meurtrière a moissonnées dans sa tournée.

A défaut de vies humaines, ce que le *Pillawer* emporte n'en est pas moins précieux ; à côté des chiffons sans valeur, les robes de mariage, les bagues des fiançailles, les souvenirs d'ancêtres, tout ce qui tient à l'âme par mille liens invisibles, tout ce qui, en s'en allant, arrache des larmes aux yeux et fait saigner le cœur. Il est le Mont-de-piété ambulant, mais un Mont-de-piété qui ne restitue jamais ses gages.

Il en est de lui comme de ce *marchand d'habits* des grandes villes, dont le cri « *Chand d'habits !* » lancé aux détours de la rue ou à l'entrée des cours, paraît une injure à la détresse et semble vouloir dire au malheureux, sur un ton de cruelle ironie : A quoi bon lutter? A moi ta dernière dépouille !

Son arrivée au village produit la même impression que l'apparition des corbeaux sinistres qui, au commencement de la saison froide, viennent ravager les champs et dévorer le plus clair des ressources du paysan.

« *Tam Pillou, Tam Pillot !* » (morceau de chiffon !) clame-t-il, à la porte des maisons, et tandis que, sur la place, il arrête son cheval d'aspect minable, tout branlant sur les jambes, afin de déballer les sacs de grosse toile, on entend les aboiement furieux des chiens, on voit fuir les enfants, mais on voit aussi les ménagères, dont les inquiétudes relativement au terme ne sont que trop réelles, chercher, au fond de leurs armoires, en essuyant une larme, les étoffes précieuses et les reliques du passé dont l'échange leur mettra quelques pièces blanches dans la main.

« *Tam Pillou, Tam Pillot !* » Ah ! certes le *Pillawer* n'est pas généreux. C'est le Juif des campagnes bretonnes. Il connaît l'usure à fond et il ne lui répugne pas de pratiquer le métier de Shylock.

Il est facile de le juger à l'œuvre, les jours de Pardon et de foire surtout. Il est arrivé le premier sur le parvis de l'église, avec le lever de l'aurore. Il s'est empressé d'étaler sa marchandise, de la marchandise à un sou, couteaux à sifflet pour les enfants, miroirs à monture de fer blanc pour les jeunes filles, imageries d'Epinal racontant la vie du saint Patron pour les personnes dévotes, épingles, aiguilles, boutons, crochets, etc., nul mieux que lui ne sait les nécessités de la vie campagnarde. Bientôt autour de sa boutique il y aura foule : car nul mieux que lui non plus ne connaît les mille stratagèmes, pour attirer la clientèle naïve.

« Tam Pillou ! Tam Pillot ! Une perche a été fichée en terre à l'entrée d'un hangar ou dans la prairie, à l'ombre, près de la fontaine du Saint, un mouchoir de couleur à l'extrémité et une tresse de cheveux. C'est l'enseigne du *Pillawer*. Elle apprend quel est le métier qu'il aime plus spécialement à exercer. Rapidement la foule s'assemble : « Approchez, jeunes filles ! le *Pillawer* a ses ciseaux de fin acier ; Il lui faut vos cheveux, cheveux blonds nuancés de teintes dorées comme les feux de l'aurore, cheveux noirs, couleur d'ébène, comme l'aile du corbeau. Approchez ! que deviendraient les belles dames, si elles ne vous empruntaient ces parures de reines dont votre modestie de paysannes ignore le prix ? Approchez ! Le *Pillawer* a la main prompte. Il aura vite fait de vous débarrasser de vos superbes tresses et il vous fera grâce de quelques touffes de cheveux, pour maintenir votre coiffe. Approchez ! il vous donnera en échange deux ou trois mouchoirs grossièrement coloriés, et pour peu que vous insistiez, un tablier de vulgaire cotonnade. »

Et les pauvres victimes volontaires de s'approcher en effet et de prêter leur tête aux ciseaux meurtriers.

« Tam Pillou ! tam Pillot ! » Le soir, en rentrant,

le *Pillawer* marche d'un pas allège. Pour fêter ses bonnes aubaines, il s'est attardé dans les auberges en plein vent ; mais sa bourse est ronde, car il a vendu sa marchandise et sur le dos de son cheval il emporte ce qu'il y a de plus précieux au pays, les chevelures des belles filles.

« Tam Pillou ! Tam Pillot ! » c'est encore un type bien original que ce détrousseur patenté de nos campagnes.

Son lieu d'origine, ainsi qu'on le suppose, n'est pas parmi les régions riches, mais là où la pauvreté du sol oblige les habitants à chercher leur subsistance dans toute sorte d'industries. Au nord et au centre de la Bretagne, dans le Trégorrois, au pays de Plestin, à la Roche-Derrien et surtout dans la Haute Cornouaille, il existe ainsi des territoires où la Nature parcimonieuse a traité l'homme en marâtre et semble le condamner à un exil, au moins momentané, pour peu qu'il veuille manger. C'est, sur le contrefort des *Montagnes Noires*, à *Caurel*, dans les Côtes-du-Nord, c'est plus particulièrement sur le revers méridional des Monts d'Arrée, à la *Feuillée* et à *Loqueffret*, dans le Finistère. Là sont les vraies terres d'origine du *Pillawer*. Il est naturellement de là, de même que le *Sorcier* est naturellement de *Loyat* ou de *Concoret*, auprès de Ploërmel. Le pays, comme ses habitants, est mal réputé. A Caurel, sur le plateau nu qui domine la vallée du Blavet, entre les cimes ardoisières qui pointent dans le ciel gris, on dirait qu'un mauvais Génie s'est plu à semer les pierres parmi les maigres touffes de bruyère. La population y est si pauvre, si chétive, si maladive que, d'après les méchantes langues, le *meilleur de ses gars* y mourut de mort piteuse ! Rien d'étonnant qu'elle songe à tenter fortune ailleurs ? On naît *Pillawer* à Caurel.

Ainsi en est-il à la *Feuillée* et à *Loqueffret*. La région est encore, si possible, plus dépourvue, plus hostile à l'homme. Au-dessus, les *monts d'Arrée* avec leur faîte de roches noirâtres, dentelées, allongées en lignes tortueuses, telles des vagues figées : au bas, les marais de *St-Michel*, lieu de désolation, marqué de flaques d'eau croupissante, de tourbières arides, sans végétation et sans vie. A peine ça et là, dans le creux des ravins, quelques champs, quelques misérables cabanes. Or, à l'encontre de ce qui existe dans la plupart des Paroisses bretonnes où la coutume attribue la jouissance de la propriété tantôt à l'aîné, tantôt au plus jeune des enfants, l'usage veut qu'ici la terre soit partagée en autant de lots qu'il y a d'héritiers. L'égalité dès lors conserve bien ses droits, mais la pauvreté n'abdique pas les siens. Faute de ressources chez eux, les gens de la Feuillée vont en chercher ailleurs, et volontiers ils se changent en *Pillawers*. Par toutes les routes de Basse-Bretagne, on les rencontre, sauf peut-être à la Feuillée.

Malgré la dureté de leur condition, ils ne sont guère aimés. C'est un si triste métier que celui d'aventurier et de ramasseur d'épaves !

Ne leur jetons pas la pierre cependant. La Pauvreté a de grandes exigences. Il n'est pire esclave que l'homme qui lui est asservi. Or plus que tout autre le *Pillawer* est un des siens. Plaignons-le !

QUATRIÈME PARTIE

LES TRAVERS
DANS LA CAMPAGNE BRETONNE

CHAPITRE Ier

Les Buveurs

Une étude qui se contenterait, pour faire connaître la *Société campagnarde Bretonne*, de produire les personnages, suivant leur *métier* seulement, risquerait d'être incomplète. Autant que les *métiers*, certaines habitudes répandues, certains *Travers* que l'indulgence des bonnes gens qualifie volontiers de *péchés mignons*, dont on aime à rire, qu'on se plaît à chansonner, donnent à ceux qui en sont affligés des physionomies très caractéristiques.

En étudiant le *Buveur*, l'*Amateur de Café*, l'*Habitué du Tabac*, figures bien originales à leur façon, nous pourrons achever le tableau de genre que nous avons entrepris de dessiner.

À tout Seigneur, tout honneur ! Place au *Buveur* d'abord ! Il faut l'admettre en effet, hélas ! La modération dans le boire n'est pas la vertu dominante chez nos paysans. Depuis surtout que le *Guin ardant*, l'eau de feu apportée par le Diable, coule à plein bord dans les verres, les *Buveurs* sont légion. Répugnant spectacle en vérité que celui de ces malheureux qui, au soir des *Pardons* et des *Foires*, s'en vont à la *zisaguette*, perdus par les chemins creux, butant contre les obstacles, les vêtements souillés de boue, un sourire de satisfaction niaise sur le visage, une chanson avinée aux lèvres. C'est le dernier degré dans la voie de l'abjection, l'état dans lequel l'homme, comparé à la bête, lui paraît inférieur.

Il convient d'être juste néanmoins, et, tout en reconnaissant qu'en Bretagne nombre de *Buveurs* poussent trop loin l'abus, il ne faudrait pas en conclure que la Bretagne entière marche pour cela de travers.

On y manifeste un faible très prononcé pour le bon cidre: voilà un fait: on aime à y célébrer la vie le verre rempli à la main : voilà un autre fait. Mais de là à prétendre que les Bretons sont les plus alcooliques parmi les Français, qu'à part les Irlandais et les Polonais, il n'est plus rudes buveurs au monde, il y a beaucoup de distance. C'est à peine si, dans la nomenclature des départements qui consomment le plus d'alcool, le Finistère, en tête de la Bretagne, vienne avec le numéro 17, et l'Ile-et-Vilaine avec le numéro 23. La malignité des gens ne s'en est pas moins acharnée contre les Bretons. Elle leur a créé une légende désobligeante contre laquelle il est juste que l'on s'inscrive.

Mettons les choses au point. Il existe une zone en Bretagne qui, réellement est trop contaminée, grâce à l'abus de l'alcool : *Le Littoral*. Là le *Buveur* est un pauvre être qui se livre sans frein à sa passion.

Il faut les voir, les pêcheurs, au retour de la pleine mer. A peine leur poisson a-t-il été pris par la *criée*, a peine ont-ils touché quelque menue monnaie, qu'ils s'en vont, par bandes, boire à pleins setiers l'affreuse eau-de-vie dans les estaminets borgnes rangés sur la jetée. Une fois l'habitude contractée, impossible de réagir. Le *guin ardant* qui brûle les entrailles appelle le *guin ardant*. Il faut boire, boire encore, même en pleine mer, le matin quand on jette le filet, le soir quand surgit la tempête et qu'on veut se donner du courage pour résister à la lame.

Pauvres gens ! Doit-on se montrer surpris qu'un si grand nombre meurent à quarante ans et que, dans nos ports, on aperçoive maintenant des enfants à l'air malingre, là où les hommes jadis étaient bâtis comme des troncs de chêne ?

Par bonheur, le fléau ne s'est pas généralisé à l'intérieur du pays. On ne prétendra pas que les gens y soient des modèles de sobriété. On en voit, pour emprunter le langage un peu imagé dont ils se servent eux-mêmes en Haute-Bretagne, qui passent par les divers degrés de la *Lancette*, de la *zizaguette*, de la *Tombelle*. Du moins le *guin ardant* n'y produit pas ses affreux ravages : l'ébriété lourde, abrutissante, folle, qui change l'homme en bête. Là le *cidre* est roi, le pur jus de pomme qui entonne sa gaie chanson dans les bolées, qui sans doute rend les jambes chancelantes, lorsque l'on rentre sur le tard, mais qui, en revanche, amène dans les esprits les doux pensers, les propos aimables sur les lèvres, parfois les discours pieux, sur les visages une sérénité radieuse.

La malice populaire qui parfois s'exerce avec une franchise un peu verte aux dépens des amis de la bouteille, montre des trésors d'indulgence à l'égard des *Buveurs de cidre*. C'est à eux assurément qu'elle pense dans cette invocation un peu hardie qui dénote un état d'âme, l'état d'âme des bons viveurs au pays Breton :

« Saints ivrognes de Bretagne, priez pour nous ! »

Loin de nous d'ailleurs la pensée de nier qu'au cidre ne se mêle pas de temps à autre une goutte de *guin ardent*. Oui, mais cette goutte est prise à si petite dose qu'à quarante ans un honnête buveur jouit encore de sa pleine robustesse. Il lui sera facile d'absorber un nombre respectable de chopines, sans guère dépasser les limites de la *Lancette*, ou pour s'exprimer comme le font les paysans des environs de Lorient, sans être autrement que *en tamik sanson* (légèrement gris).

Les étrangers qui, pour la première fois, voyagent en Bretagne témoignent souvent leur surprise de la facilité avec laquelle nos braves campagnards se laissent enivrer. Quand il faudrait aux *Buveurs* verres d'alcool et d'absinthe, en d'autres pays, il n'est pas rare qu'il suffise pour nos paysans de quelques verres de cidre. N'est-ce pas le résultat de la nourriture de farineux et de laitage qui est la leur et qui leur débilite l'estomac ? Bouillie d'avoine, crêpes de sarrazin et lait aigre ne sont pas des fortifiants comme la viande. Quand l'eau est la boisson ordinaire sur semaine, y a-t-il rien d'étonnant qu'on prenne mesure trop pleine le dimanche et que le moindre excès suffise pour troubler les idées, surtout si par là-dessus s'ajoutent quelque bouteille de vieux cidre avec une pinte *d'Eau vulnéraire* ?

En résumé, le *Buveur de Bretagne* est un type bien caractérisé : c'est un joyeux compagnon qui ne laisse pas sa part à d'autres. Il est d'ailleurs inoffensif et rarement perd le sentiment de sa dignité, même quand il commence à voir trouble dans son cerveau. Difficilement il se passerait de la forte consommation; mais rarement il irait jusqu'à l'excès bestial. Si le vin ailleurs fait dire la vérité aux menteurs, le cidre en Bretagne rend la gaieté aux gens qui travaillent ou qui sont tristes. D'elle-même, sur les lèvres du *Buveur*, s'épanouit la chanson.

Dès lors ne portons pas de jugement trop rigoureux sur ce dernier. Plaignons le : c'est notre devoir; corrigeons-le, si nous pouvons, mais ne lui soyons pas injustes. A d'autres la palme de la beuverie. Les Bretons ne revendiquent qu'une modeste distinction !

CHAPITRE II

Les Amateurs de Café

Dans l'armée des buveurs, la plus large place, nul n'en doute, est occupée par *l'homme*. Il était naturel d'en parler d'abord, en étudiant les *Travers*. Voici maintenant une autre catégorie de personnes parmi lesquelles la *femme* incontestablement joue le rôle prépondérant : les *amateurs de café*.

Dieu nous garde d'ailleurs de prétendre que le noir breuvage recrute ses partisans parmi les Bretonnes seules. Y a-t-il une maîtresse de maison, sous quelque latitude que ce soit, qui ne croie de son devoir d'offrir la tasse à chacun de ses convives, après un copieux festin ?

Mais il est entendu que les choses de Bretagne uniquement nous préoccupent ici. Laissons les plantureuses *commères parisiennes* en tête à tête avec l'indispensable bol de *café au lait* et parlons de celles de Bretagne.

Il n'y a déjà pas si longtemps que le doux nectar, chéri des femmes et sans doute des Dieux, a fini de séduire les palais de nos campagnardes. Les plus vieux de la génération actuelle se rappellent qu'en leur jeunesse il était le privilège des grandes dames : à la campagne, on n'avait pour se régaler que le cidre, la bière et le vin.

Quelle transformation en quarante ans ! Ce fut tout à coup un engouement universel ; chaque ferme eut sa cafetière, les courtils leur plant de *café*, dont la fermière venait discrètement, et d'un œil attendri, surveiller la croissance, lorsqu'elle se supposait inaperçue.

L'habitude avait commencé par les *maîtresses de maison*. Sitôt le mari, les enfants, les domestiques partis aux champs, après le frugal déjeuner au lait aigre, vite on décrochait la cafetière, café et chicorée y mariant leur noirâtre mixture, on absorbait le breuvage avec les mêmes précautions que prit la première femme pour manger la première pomme, et bientôt de voisine à voisine, sur le seuil des portes, c'étaient des petits rires satisfaits : on jacassait à cœur joie : « Comment l'avez-vous trouvé, Mathurine ? » « Délicieux ! Fanchon, je gage qu'on n'en sert pas de meilleur au presbytère, lorsque Monsieur le Recteur régale ses marguilliers ! »

Il est dans la destinée des choses bonnes d'être désirées et revendiquées par tout le monde. Tel fut le sort du *café*. Chacun y prétendit. Le privilège de la maîtresse de maison cessa bientôt.

De nos jours il n'existe pas une campagnarde qui, à l'occasion, se priverait de sa tasse.

Mettons en première ligne, si vous le voulez bien, celle que la malice populaire a surnommée la *Bonne sœur en plein cent*, brave fille à la langue un peu, un tout petit peu pointue. En général elle a élu domicile au bourg. Sa demeure, pas plus que sa personne, n'attire le regard. Avec ses images pieuses, ses chapelets de Lourdes, sa porte basse, sa fenêtre soigneusement fermée, on dirait un sanctuaire réservé à la célébration de quelque mystère. En réalité, c'est la maison hospitalière où se donnent rendez-vous le dimanche, en attendant la grand'messe, les femmes de qualité des villages d'alentour qu'elle admet à l'honneur de son amitié, où l'on prononce, en dernier ressort, sur les faits les plus récents de la politique locale, où les assistants se délectent pieusement, avec les *tasses de café* circulant à la ronde, afin sans doute de mieux chanter tout à l'heure les mélodies pieuses à l'église. Oui vraiment, en cette maison discrète et silencieuse, le *Café* compte de ferventes adoratrices.

En voici une autre qui ne leur cède guère : la *fille de ferme*.

Il n'est travailleuse plus diligente. Couchée tard, elle trouve moyen d'être debout au chant du coq. Personne n'a plus à cœur les intérêts du maître.

A peine le soleil levant a-t-il commencé à dorer de ses rayons les blés mûrs sur la colline, que l'accorte et vaillante *Fanchon* déambule vers la ville, un pot de lait sur la tête et au bras ses paniers d'œufs et de beurre frais. Celle-là aussi a la *langue bien pendue*. Il suffit de la voir à l'œuvre, quand il s'agit de faire valoir la marchandise. Mais par exemple qu'on ne lui dispute pas l'à-compte, et l'à-compte ! Ah certes ! libre à vous de trouver bien peu exigeante, bien peu ambitieuse, cette héritière de la *Perrette* du bon La Fontaine. Ce ne sont plus

> Veau, vache, cochon, couvée,

qu'elle réclame des acheteurs, c'est la *tasse de café*. Tout au long de la route, elle en déguste d'avance le parfum, et cette pensée lui donne des ailes.

Hé oui ! c'est une nombreuse corporation que celle des *buveuses de café* en Bretagne. On ne serait pas femme, si on n'usait du noir breuvage : on ne serait pas commère parfaite, si on n'en faisait de larges abus. *Après le café, l'esprit n'est-il pas plus ouvert* et peut-être aussi la langue plus acérée ? Les Bretonnes, en cette matière, n'ont rien à envier à qui que ce soit. Aujourd'hui, dans les bourgs, pas une petite rentière, pas une commerçante, pas une sainte fille, dans les villages pas une fermière digne de considération qui voudrait se priver du *café au lait* matinal. Il s'exposerait à de bien redoutables orages, le téméraire qui s'aviserait de détourner une Bretonne de ce breuvage royal.

Jadis, dans les campagnes, on reconnaissait les conditions sociales, on distinguait les *minourès* (les filles de rentiers) des filles d'ouvriers et des domestiques par le velours plus ou moins large qui bordait la robe, par les broderies plus ou moins riches qui décoraient la coiffe : de nos jours c'est l'usage plus ou moins fréquent du *café* qui marque la différence. D'une part, la femme de condition, celle qui en consomme tous les jours ; de l'autre, la petite ouvrière, l'employée à gage, dont le maigre salaire ne permet les gourmandises qu'une fois par semaine, le dimanche, ou dans les occasions extraordinaires seulement : aux Foires, aux Marchés, aux Pardons.

Foires, Marchés, Pardons, voilà bien les circonstances où chacun s'en donne sans réserve. Les merveilleuses petites scènes de genre dont on est alors témoin ! Tandis que les hommes, debout, chopine à la main, devisent de leurs affaires, autour de la barrique de cidre, le verbe haut et la mine enluminée, on aperçoit, dans les coins, sous l'ombre discrète des tentes, assis le long des tables en planches mal jointes, d'autres groupes beaucoup moins bruyants : ce sont les fervents du *café*, amoureux qui ont à se murmurer l'éternelle romance du cœur et qui ne trouvent rien de mieux qu'une bonne tasse pour réchauffer les sentiments ; cousines, connaissances et vieilles amies qui n'attendaient que cette occasion pour se régaler ensemble ; servantes et ouvrières qui entendent prendre leur revanche d'un jeûne prolongé ; bavardes de villages qui profitent de l'occasion pour se raconter à l'oreille les frasques de la jeunesse et les gaillardises du canton. Comme le café délie à merveille toutes les langues ! et comme on a le pied léger, en rentrant à la maison le soir, lorsque, le long du jour, on a vidé son cœur... et ses tasses.

Braves femmes qui aimez le café, buvez-en donc !

Cela ne dérange pas la tête. Mais buvez-en avec modération, car le noir moka porte surtout sur les langues et les langues excitées sont pointues comme un dard de serpent.

CHAPITRE III

Les Amis du tabac

Si les *Buveurs* et les *Amateurs* de café se recrutent d'ordinaire à la campagne, les premiers parmi les hommes, les seconds parmi les femmes, voici une chose qui est commune aux deux sexes : j'ai nommé le *tabac*. Nul ne saurait évaluer la multitude des gens qui lui ont voué un culte, spécialement en Bretagne.

— Monsieur, la fumée de tabac, ne vous incommode pas ?

— Mais non vraiment, Monsieur, faites, je vous en prie !

— Monsieur, je vous suis très obligé.

Tel est l'aimable dialogue qui, du matin au soir, s'échange entre voisins, dans les voitures publiques. En vain, pour respirer un peu d'air frais, grimpez-vous sur l'impériale ; en vain vous réfugiez-vous dans un coin, sous la protection d'une dame dont les poumons semblent en détresse, le monsieur qui vient de surgir à vos côtés se comporte comme en terre conquise. Il se doute bien que l'autorisation accordée est un acte de politesse peut-être un peu forcée, mais qu'importe ?

Sans respect pour le sexe, sans égard pour votre mine effarée, vous le voyez bientôt, l'indispensable cigarette à la bouche, tandis qu'un épais nuage vous enveloppe des pieds à la tête. Le nez et l'estomac ont beau protester contre l'embaumement intensif, le visage de la dame a beau se congestionner, rien n'y fait. Il faut subir le martyre. Heureux encore quand l'homme ne tire pas de sa poche une de ces pipes profondes comme un cratère, car alors votre compte est réglé : en un quart d'heure vous êtes enfumé.

Je ne vous engage pas à protester, d'ailleurs, c'est l'usage qui le veut ainsi. C'est lui qui, par une anomalie étrange, à notre époque de démocratie à outrance, a établi dans l'univers entier, une souveraineté absolue au profit du *Fumeur*. Pas un recoin du globe ne lui échappe. L'emblème de son pouvoir, c'est ici le *narguilé*, de l'Arabe, le *chibouque*, du Turc, là le *calumet* de l'Indien du Far West, la *pipe de faïence* du Michel Allemand, le *brûle-gueule* du Jacques Bonhomme Français.

A lui la rue, à lui l'intérieur des maisons, la chaumière du pauvre et le palais du riche. A lui la première pensée du gamin qui vient de s'échapper des bras de sa nourrice : à lui les prédilections du jeune candidat qui, au sortir des épreuves du Baccalauréat, s'en va triomphant, la canne à la main et la cigarette aux lèvres : à lui enfin le dernier souvenir de l'ouvrier qui, après une journée de labeur, ne voudrait pas s'endormir, avant d'avoir grillé une *sèche*.

Or au milieu de l'engouement universel, dans le culte voué au *tabac*, la Bretagne assurément arrive bonne première. Je ne me risquerais pas à assigner une date à l'origine de ce culte. Mais j'imagine bien que si l'Européen qui, en 1560, dans une île des Antilles, découvrit le bienheureux plant, n'était pas un Breton, en revanche les Corsaires de Bretagne qui, à cette époque, couraient les aventures en Amérique, ne tardèrent pas à l'acclimater chez eux.

Bien vite l'usage s'en généralisa. L'esprit reste confondu à la pensée du nombre de pipées que les paysans et les marins bretons ont brûlées depuis le XVIIᵉ siècle, car plus qu'ailleurs peut-être la pipe est pour eux l'instrument national, plus qu'ailleurs le *fumeur* est chez eux un type original.

Dans les campagnes, cela débute d'ordinaire, pour le moussaillon et le pâtour, sous forme de morceau de *baleine* allumé par un bout et consciencieusement humé jusqu'à extinction du feu. Puis, à mesure que l'âge vient, c'est la *blague* perlée en cuir noir qu'on achète au Pardon, le rouleau de tabac-carotte, gros comme le pouce, que l'on découpe avec délicatesse, dont on presse soigneusement les tranches dans le creux de la main, pour en alimenter une pipe aussi grande qu'un dé à coudre (*er marmous*).

Chaque paysan fumeur a d'ailleurs pour son tabac des attentions de mère : il n'en perdrait pas une once. Il n'y a qu'un homme qui puisse lui en remontrer là dessus en esprit de conservation : le marin, s'il est vrai du moins que tour à tour, au dire des mauvaises langues, celui-ci utilise le même morceau de tabac pour la *chique*, la *pipe* et la *tabatière*.

Au plus fort du labeur dans les champs, le paysan veut-il, sur le coup de quatre heures, se donner un instant de repos, à l'ombre des chênes touffus, la *pipe* en fait les frais. Elle est de la partie, lorsqu'il rentre le soir, la faucille sur le bras. Elle l'est encore, quand il fête ses amis, les jours d'assemblée, la bolée de cidre à la main ; quand il régale le marchand, les jours de foire, pour le bon prix dont il lui a payé ses bœufs.

Loin de moi toutefois l'idée de faire de la pipe un privilège exclusif des hommes. Hé oui ! jusque parmi les *femmes* elle compte des amateurs et de ferventes adoratrices. A la différence des *hommes*, si le nombre en a diminué quelque peu, il n'est pas rare cependant de rencontrer aujourd'hui encore, en certains cantons perdus du *Trégorois*, de la *Haute-Cornouaille* et du *Vannetais*, de vieilles mendiantes qui, au cours de leurs tournées de misère, ne se privent pas d'allumer la petite pipe au coin des routes, en se rémémorant leurs bonnes aubaines. Il n'est pas rare, les jours de fête, quand tout le monde est à l'office ou processionne au chant des litanies, de voir surgir soudain derrière les talus des groupes de commères qui, gravement, la pipe aux lèvres, devisent de leurs affaires.

Bienheureuse *pipe*, que de voluptés tu procures à tes amants ! Nul instrument du reste n'est plus égalitaire, plus approprié dès lors au goût du *campagnard breton*. Il n'en va pas chez lui ainsi que dans les villes où les conditions sociales sont si nettement délimitées entre le monsieur distingué qui se paie de gros londrès, le petit employé qui se contente de la modeste cigarette et le travailleur manuel qui préfère la pipe rustique.

Dans les campagnes Bretonnes, la *pipe* règne sans partage, sans souci des conditions de fortune, depuis Monsieur le Maire, depuis Monsieur le Recteur aussi, jusqu'au dernier des valets de charrue. Elle est de chaque fête, de chaque loisir, de chaque instant perdu. Dans les douleurs, c'est elle qui console ; dans les ennuis, c'est c'est elle qui distrait ; dans les joies, c'est elle qui modère. Rien de mieux approprié pour rapprocher des frères ennemis, pour rétablir la concorde dans les ménages. Dès lors il n'est pire supplice que celui du *fumeur* qui se trouve sans *tabac*.

Toutefois dans les choses humaines, il est, dit-on, difficile de mettre les gens d'accord. Il y eut, jadis, une querelle des Latins et des Grecs, des Anciens et des Modernes, des Normands et des Bretons. Hélas ! le *tabac*, depuis son introduction, a divisé aussi ses amateurs en deux camps, parfois irréductibles : les *fumeurs* et les *priseurs*, les amis de la *blague* et les amis de la *tabatière*. Le camp de beaucoup le plus nombreux, c'est sans doute le premier : il se compose de la plupart des représentants du sexe fort, de quelques figurantes du sexe faible. Mais le camp opposé se rachète par la valeur de ses troupes : on y rencontre en effet les personnages les plus puissants par la parole et par la condition, maîtresses de maison et femmes de qualité qui, le dimanche à l'issue de la grand' messe, aiment à s'offrir entre commères la prise de tabac ; vieux garçons et vieilles filles qui se consolent des ennuis de la solitude, en causant avec leurs *tabatières* ; nombre d'ecclésiastiques aussi qui jadis au collège, histoire de narguer un tantinet le règlement, avaient pris l'habitude de dissimuler une *tabatière* au fond de leur pupitre et qui, une fois dans la vie, auraient cru manquer au sentiment de la reconnaissance, en divorçant avec elle.

Entre ces deux camps, il y a lutte de tous les jours, lutte marquée par de bons coups d'épingles et souventes fois, par des discordes dans les ménages, lutte néanmoins qui n'a qu'une durée et qui d'ordinaire se termine de la même façon, par une *prise de tabac* et par une bonne *pipée*, chacun des belligérants couchant sur ses positions. Peut-on espérer résultat plus satisfaisant ?

Faisons des vœux pour que toutes les guerres qui désolent le monde se terminent de la sorte et que les *amateurs de tabac* en Bretagne restent convaincus que la *pipe* et la *tabatière* sont le suprême empirique pour la guérison des maux humains !

CONCLUSION

Nous conclurons sur cette parole de paix. Campagnards de Bretagne, mes amis, n'ayez cure de ce que pense de vous le vain peuple des gens qui passent ! On continuera de vous accuser sans doute d'être en retard, de pratiquer des mœurs du moyen-âge.

Laissez dire. Malgré quelques défauts, vous avez su conserver, dans la simplicité de votre vie, l'intégrité et la vigueur du sang, dans la sincérité de vos croyances, le courage chrétien et les immortelles espérances. Soyez fiers de ce que vous êtes ! Gardez fidèlement la *langue* que vous ont enseignée vos parents. Point n'est besoin de parler le langage de l'Académie, pour être des hommes et mériter le Paradis.

Demeurez vous-mêmes, et que par vous la Bretagne, notre mère, reste grande et soit glorifiée.

Gloire à celui qui laboure !
Gloire à celui qui souffre !
Gloire à celui qui prie !

TABLE DES MATIÈRES

SOCIÉTÉ

PAROISSE BRETONNE

SIÈGE SOCIAL :

9, RUE DE BAGNEUX

But — Membres — Conditions

BUT. — La *Paroisse Bretonne* se propose d'unir tous les Bretons de Paris entre eux et de favoriser leurs relations avec les Bretons de province ; de les aider dans la recherche de leurs intérêts religieux et matériels. L'idée fondamentale est l'appui mutuel par le *Travail*.

MEMBRES. — Elle s'étend à toutes les classes, aux Dames comme aux Messieurs, en dehors de toute question politique.

Elle comprend : 1° une *section d'Ouvriers et de Domestiques* ; 2° une section de *Messieurs et de Dames associés* ; 3° une section de *Dames patronnesses et de Bienfaiteurs*.

A la tête il y a un Directeur, un comité de Messieurs et un comité de Dames. Le siège social est 9, rue de Bagneux.

CONDITIONS. — Pour être admis, il faut 1° être Breton, ou avoir épousé une Bretonne, ou être fils de Breton. Il y a une exception en faveur des Dames patronnesses qui paient la cotisation annuelle.

Il faut 2°. pour les *Ouvriers et Domestiques, justifier d'un emploi*, au moment de la présentation ; avoir assisté à 3 réunions et être agréé par le Directeur.

Il faut 3° payer, le jour de l'admission, 1 fr. de droit d'entrée, verser 0,15 pour les hommes, 0,10 pour les femmes à chaque réunion mensuelle, prendre l'abonnement du journal la *Paroisse Bretonne* (2 fr.), (2 fr. 25 en province) et la *décoration* de la Société.

Pour les *Dames associées*, elles doivent aussi être Bretonnes ou épouses de Bretons, assister aux réunions, verser le droit d'entrée de 1 fr., plus une cotisation annuelle de 3 à 5 fr., prendre le journal et l'insigne.

Les *Dames patronnesses* peuvent être choisies en dehors de la Bretagne, ainsi que les membres bienfaiteurs. Pour cela elles doivent verser une cotisation annuelle minimum de 10 fr., s'abonner au journal et prendre l'insigne.

Les réunions générales de tous les sociétaires ont lieu 229, boulevard Raspail, le 1er dimanche du mois, à 3 heures. Les sociétaires peuvent y amener leurs amis.

Les réunions des *Domestiques femmes* ont lieu le 2e dimanche du mois, à 3 heures, dans la Crypte de Notre-Dame des Champs (boulevard Montparnasse).

Les réunions des *Dames patronnesses* ont lieu au Siège social, 9, rue de Bagneux, une fois par mois.

La Société s'est adjointe une nouvelle section, celle de *St-Corentin* ; cette section se réunit à Neuilly, le 3e dimanche, à 3 heures, 14, Boulevard d'Inkermann.

Annuellement, il y a deux grands *Pardons* : l'un à Notre-Dame des Champs, l'autre à Ste-Anne de la Maison-Blanche, pendant l'été.

Aurillac. — IMPRIMERIE MODERNE, 6, rue Guy-de-Veyre